Cómo ser
Baby-Sitter
Cuidadora
de Niños

Cómo ser
Baby-Sitter
Cuidadora de Niños

Barbara Benton

ediciones
ceac

Perú, 164 - 08020 Barcelona - España

A Elaine y Robin,
mis baby-sitter predilectos

Traducción autorizada de la obra:
THE BABYSITTER'S HANDBOOK

Editado en lengua inglesa por
William Morrow and Company

© 1981 BARBARA BENTON

ISBN 0-688-00687-6

© EDICIONES CEAC, S.A. 1985
Perú, 164 - 08020 Barcelona (España)

Primera edición: Julio 1985

ISBN 84-329-3603-0

Depósito Legal: B-27131 - 1985

Impreso por
GERSA, Industria Gráfica
Tambor del Bruc, 6
Sant Joan Despí (Barcelona)

Printed in Spain
Impreso en España

Introducción

Has decidido trabajar como cuidadora de niños. Tu recompensa será la satisfacción de ganarte la vida y de prestar un valioso servicio. Aprenderás algo sobre el trabajo y el mundo laboral, y sabrás lo que significa ser responsable de otra persona. Tu experiencia cuidando niños te ayudará en el futuro, cuando decidas fundar una familia, practicar una profesión, o las dos cosas.

Para tus patronos, los padres de los niños que cuides, la recompensa consistirá en unas cuantas horas de libertad y descanso. Porque si cuidar niños depara enormes compensaciones, también puede ser opresivo y agotador. Para conservar su entusiasmo y amor, para dar lo mejor de sí mismos, los padres necesitan de vez en cuando descansar de sus hijos. Necesitan estar solos, salir con amigos, cultivar las aficiones propias de los adultos o, aunque sólo sea por una vez, ir de compras relajadamente o echarse una siesta sin que se les interrumpa.

A los padres les gusta saber que, mientras ellos se ausentan, sus hijos están bien atendidos; que los dejan en manos de una persona amable y cariñosa que, con responsabilidad y paciencia, se ocupará de su seguridad, los tratará con mimo, jugará con ellos y sabrá alimentarlos, bañarlos y acostarlos. Cuanto más confíen los padres en tus aptitudes, más tranquilos se marcharán de casa y, por tanto, más valiosa les será tu ayuda. Y quien sabe hacerse valer tiene más oportunidades de encontrar trabajo. Tendrás la satisfacción que procura el trabajo bien hecho, pero además podrás elegir entre distintas ofertas de empleo y, cuando solicites un aumento de salario, estarás justificada. En resumen, triunfarás en tu trabajo.

Este libro pretende ayudarte a triunfar. Los distintos tipos de información se han agrupado en capítulos, divididos a su vez en temas encabezados por subepígrafes. El último capítulo es una especie de agenda en la que podrás tomar notas acerca de tus empleos y llevar un registro continuo de tu trabajo. Considera este libro como tu manual, el instrumento para ejercer tu profesión.

Se ha prestado especial atención al cuidado de los niños pequeños, desde que son bebés y empiezan a andar hasta que llegan a la edad preescolar. Aunque los niños de edad escolar necesitan igualmente los cuidados de una niñera, son ya muy capaces de comunicarse y funcionar con independencia. No están tan lejos de «quien les cuida», ni en años ni en capacidad.

Con las comillas de la frase anterior queremos traer a colación el problema de los géneros, que tantas polémicas y confusiones ha generado últimamente. Cuando la persona sobre la que se escribe puede ser varón o mujer, ¿es lícito usar el masculino o el femenino?

Hasta hace muy poco, el trabajo de cuidar niños por horas era desempeñado exclusivamente por mujeres. Pero las cosas están cambiando, y cada vez más hombres encuentran que ocuparse de los niños es una labor acorde con su temperamento y sus aptitudes. Y está bien que así sea, porque los niños necesitan recibir influencias masculinas tanto como femeninas.

Algunos autores, sobre todo anglosajones, resuelven el problema de los géneros utilizando los dos. Aunque es un recurso respetable, resulta farragoso y pesado. Por razones de conveniencia —y teniendo en cuenta que la mayoría de personas que realizan este trabajo siguen siendo mujeres—, utilizaremos siempre el femenino para referirnos a las personas que desempeñan dicho trabajo. Para contrarrestar esta decisión —ya que por ningún otro motivo—, adoptaremos el masculino al hablar de los niños.

1. La profesión

Se calcula que cerca de 150.000 adultos jóvenes ejercen esta profesión en España, con un promedio de tres horas de trabajo por semana, durante 52 semanas cada año. Es difícil precisar lo que se pude ganar por hora, ya que la tarifa varía con la edad y experiencia de la persona, y con la situación socioeconómica de la familia que le paga. Para hacerte una idea aproximada de los ingresos que genera esta actividad anualmente, multiplica 150.000 trabajadoras × tres horas × 52 semanas × la tarifa horaria mínima que rija en tu lugar de residencia. Obtendrás una cifra millonaria. Es una profesión que mueve mucho dinero.

Como cualquier otra, es competitiva: las mejores profesionales consiguen los mejores empleos y ganan más dinero. Te conviene, pues, tomarte tu profesión en serio, con sentido de la responsabilidad y sabiendo lo que haces.

La conciencia profesional

Antes de lanzarte a la empresa de cuidar niños, debes plantearte con detenimiento y honradez si es una actividad para la que estás preparada. Si disfrutas con ella, si rindes debidamente, puedes vivir muchas horas agradables al tiempo que ganas dinero. Si, por el contrario, no te gusta, si te resulta difícil llevar adelante el trabajo, sólo conseguirás hacerte desgraciada, a ti y al niño del que te ocupes.

Considera tu actitud hacia los niños. Nadie alberga sentimientos positivos hacia todos los niños y en todo momento (¡ni siquiera los padres!), pero puedes valorar las reacciones que te inspiran en general. ¿Los ves como *personas*, iguales a ti, sólo que vulnerables e inexpertos? ¿Te parecen tiernos, listos, gracio-

10 Baby-Sitter/Cuidadora de Niños

sos, creativos y audaces? ¿Despiertan en ti sentimientos de ternura y admiración? En un terreno más práctico, ¿cambiarías un pañal y sentarías en el retrete a un niño mayorcito, si no con entusiasmo, al menos con buena disposición? ¿Serías capaz de conservar tu actitud positiva durante horas? En caso afirmativo, es muy probable que seas una buena profesional.

Por el contrario, ¿consideras que los niños son meros juguetes, divertidos en ocasiones, pero inferiores a los adultos en inteligencia y capacidades? ¿Te parece que muchos son maleducados y fastidiosos? ¿Te desagrada que alguien te toque con las manos pegajosas o te saca de quicio la idea de soportar quince minutos de llanto desenfrenado? ¿Te aburriría pronto su compañía y anhelarías el regreso de los padres? El que tengas estos sentimientos no significa que seas una persona sin corazón; sencillamente, no eres una buena niñera. No todos estamos hechos para ocuparnos de los niños, ni falta que hace. Más vale que abandones este libro y busques otro que verse sobre el tema de tu agrado. Piensa en un medio de ganarte la vida más acorde con tus facultades.

La experiencia

Tal vez creas estar en un callejón sin salida: nadie desea contratarte porque no tienes experiencia, pero no podrás tener experiencia hasta que alguien te contrate. No es del todo cierto. Puedes obtener experiencia antes de aceptar plenamente la responsabilidad de hacerte cargo de un niño.

Los hermanos menores son los mejores «conejillos de Indias». Si los tienes, es probable que hayas aprendido muchísimo ayudando a tus padres. Bañando el benjamín de la casa mientras tu madre preparaba la cena; cantándole una nana y acunándolo mientras tu padre fregaba los platos; o «echando un ojo» al bebé dormido mientras tus padres estaban en el cine. La experiencia en el propio hogar no supone más que el primer paso cuando se trata de cuidar a niños ajenos. La diferencia estriba en que tú, tu hermanito y tus padres os conocéis mutuamente, de modo que es posible prever y evitar los problemas. Y aunque éstos surjan, la ayuda no se hace esperar. Los errores se perdonan.

Cuando empieces a cuidar niños fuera de casa, hazlo progresivamente. Empieza con pequeños que tengan más o menos la edad de tu hermano, que ya hayas tratado un poco y, al principio, atiéndelos durante breves lapsos de tiempo. Conforme vayas ganando en experiencia y en seguridad, podrás ampliar el margen de edades y prolongar el tiempo de asistencia.

En el caso de que no tengas hermanos menores, deberás buscar fuera de casa las primeras experiencias. Puedes empezar con los hijos de tus familiares o de los amigos de tus padres. Aprovecha todas las oportunidades que te surjan de tratar con niños. Cuando vayas de visita, aprende a jugar con ellos. Aunque suene a verdad de Perogrullo, los niños pequeños tienen aficiones y aptitudes tan variables como puedan tenerlas tus amigos. Lo que a éste le resulta fascinante y entretenido, puede ser aburrido para aquél, o escapar a la comprensión de ese otro. Aparte los juegos, tendrás que aprender a atender a sus necesidades. Observa cómo les dan de comer, los bañan y los acuestan. Haz preguntas. Ofrece voluntariamente tu ayuda, auque sólo sea para preparar el biberón, sujetar la toalla o buscar el osito. En cuanto los adultos adviertan tu interés por los niños y tus ganas de ser útil, empezarán a recurrir a ti. No tardarán en solicitar tu presencia para que juegues con un niño mientras su madre escribe un rato a máquina, o incluso para que te quedes sola con él un par de horas, vigilando su sueño.

También puedes aprender de una hermana mayor, o de esa amiga que es una experta en cuidar niños. Procura acompañarla en su trabajo, con el fin de observar y aprender. Propón que, a cambio de tu compañía, te deje ocuparte del niño en pequeños detalles. Ayúdala sin estorbar, y no pidas retribución monetaria. El éxito depende de la calidad de tu relación con la profesional consagrada. Su cooperación te brinda un excelente medio de aprender, acaso el mejor.

A partir de estos primeros pasos, tu experiencia se consolidará. Estarás disponible para echar una mano durante períodos más o menos breves, en presencia o en ausencia de los padres, aceptando tantas responsabilidades como te sientas capaz de cumplir. Quizá te sirva de ayuda formar un tándem con una hermana o amiga de tu edad, a quien le interesa también aprender este trabajo. Entre las dos podréis aceptar empleos que por separado os desbordarían. Sin embargo, esta solución sólo es válida cuando las dos compañeras congenian perfectamente.

En ocasiones, los acontecimientos se precipitan. No te importe rechazar un trabajo para el que no te sientes preparada. Supongamos que, tras dos breves encuentros con Javi, la señora López te insta a que lo cuides un sábado durante seis horas, tiempo en el que deberás darle dos comidas, bañarlo y atenderlo mientras está despierto. Estás en tu derecho a negarte. Puedes explicar a la madre que preferirías conocer mejor a Javi antes de quedarte tanto tiempo con él, o que no te consideras con la suficiente experiencia para aceptar tanta responsabilidad. Suaviza tu negativa recomendando a la señora López una amiga mayor o más experta, pero nunca te dejes tentar por el dinero ni por las persuasiones para obrar en contra de tu buen juicio. Más te vale perder una ocasión de trabajar que infligir una mala experiencia a Javi y a ti misma. Si la señora López, de regreso a casa, os encontrase a Javi, a ti o a los dos hechos un mar de lágrimas, te culparía a ti, no a sí misma; así es la naturaleza humana. Tu relación con Javi se resentiría; perderías confianza en tu propia persona y, por si esto fuera poco, el incidente perjudicaría a tu reputación como niñera.

Labrarse una reputación

Tu reputación se basa principalmente en la opinión que merezca a los padres tu capacidad para tratar con los niños. Y esa capacidad aumentará poco a poco, a medida que ganes experiencia y confianza. La confianza es contagiosa. Cuando emprendas un nuevo trabajo segura de ti misma, afable con los niños y con sus padres, formulando preguntas inteligentes y haciendo sugerencias sensatas, tendrás mucho ganado de antemano.

Los padres se tranquilizan, te explican cuanto necesitas saber y se marchan en el convencimiento de que sus hijos están en buenas manos. Por la actitud de los padres y por la tuya, los niños intuyen que todo va bien. Salvo desafortunadas excepciones, se mostrarán alegres y cooperativos; ellos y tú pasaréis un rato agradable. Al comprobar que a su regreso todo va como la seda, los satisfechos padres tendrán mucho y bueno que decir de ti a sus amistades y conocidos.

La seguridad en ti misma es esencial. Nada debe socavarla, así que jamás aceptes un empleo del que no estés segura de salir airosa.

Además de tus aptitudes para tratar con niños, tu reputación se basará en el buen entendimiento comercial con los padres. En este aspecto, cuidar niños es una transacción como otra cualquiera. Te conviene dar la imagen de persona sensata, justa, honrada y digna de confianza. Estos atributos se manifestarán o no en el estilo con que negocies.

Fijación de la tarifa

Las tarifas varían con el vecindario y la localidad, dependiendo de la economía local y de la tasa de inflación. Lo que cobres por hora dependerá de las tarifas que imperen en el barrio y del nivel que ocupes frente a tus competidoras de edad, aptitudes, experiencia y reputación.

Indaga lo que cobran otras chicas de tu barrio. Supongamos, por poner un ejemplo, que las tarifas varían entre 100 y 300 pesetas la hora. Si te cuentas entre las más maduras, capaces y expertas, y si las familias para quienes trabajas te tienen en alta estima, está justificado que solicites la tarifa máxima de 300 ptas/ hora. Si, en cambio, eres relativamente joven, te acabas de iniciar en la profesión y todavía no te has labrado una sólida reputación, la prudencia te aconseja pedir el mínimo de 100 ptas/hora. Conforme ganes en experiencia y en capacidades, podrás ir aumentando la tarifa.

Cuando todos los empleos se localizan en el mismo barrio, debes ser coherente y cobrar siempre la misma cantidad. Tan pronto como decidas aumentar la tarifa, comunícaselo a todas las familias al tiempo. Es muy mala política cobrar a la señora de Pardo 50 pesetas más a la hora que a la señora de Sierra, aunque Luisito Pardo sea un niño diez veces más difícil que Carlos Sierra. (Siempre hay formas de tratar a los niños difíciles. Consulta los capítulos sobre desarrollo infantil y juegos.) Otra cuestión muy distinta es que la señora de Pardo te conceda un aumento voluntario, reconociendo la dificultad de tu labor y apreciando tu paciencia.

Está justificado aumentar la tarifa cuando hay que atender a más de un niño, pero sin llegar a duplicarla para dos hermanos o a triplicarla para tres. Un precio equitativo sería cargar un cuarto de la fracción horaria para dos niños, y la mitad de dicha fracción para tres. Por ejemplo, si tu tarifa es de 200 ptas/hora por cuidar a un niño, podría ser de 250 para dos y de 300 para tres.

Es lícito asimismo solicitar retribución por cualquier tarea doméstica que se te imponga, aparte las actividades que entraña habitualmente la alimentación y el aseo del niño. Si, pongamos por caso, la señora de Sierra te pide que friegues los platos de la cena, que ella y su marido dejaron en el fregadero, puedes acceder a ello a cambio de una retribución equiparable a tu tarifa como cuidadora de niños. Esto es, si tu tarifa es de 200 ptas/hora y tardas media hora en fregar la vajilla (el cálculo del tiempo debe ser razonable), es justo que pidas 100 ptas a cambio de dicho trabajo. Cerciórate, en todo caso, de que el ama de casa entiende y acepta tus condiciones antes de partir.

No debes esperar gratificaciones. A fin de cuentas, tu tarifa responde a la valoración que haces de tu trabajo. Es posible que unos padres generosos, y especialmente agradecidos por la labor que realizas con sus hijos, te concedan de vez en cuando una gratificación; acéptala como el cumplido que es.

La publicidad

Tu mejor publicidad es la que corre de boca en boca: tu reputación en el vecindario. Puede ocurrir que la señora García, charlando en el parque con una amiga, comente: «Necesito urgentemente una buena chica que se ocupe de mis hijos. ¿Conoces a alguien?». A lo cual replica su amiga: «Me ha dicho Maruja que tiene una nueva llamada Isabel Cruz. Su familia acaba de trasladarse al barrio. Según Maruja, Isabel se porta de maravilla con los gemelos». Y la señora García: «Sí, yo también he oído hablar muy bien de Isabel. Creo que voy a llamarla». Así es como suele suceder.

En los barrios nuevos, donde predominan las parejas jóvenes con hijos, este tipo de publicidad es en general suficiente para proporcionarte trabajo. Si eres buena profesional, te lloverán las ofertas. Pero cuando la media de edad del vecindario es más avanzada, y la mayoría de los hijos son de tu edad o mayores, tal vez debas recurrir a otro tipo de publicidad. Además, tendrás que estar dispuesta a trasladarte a otros barrios de donde procedan las ofertas de empleo.

El segundo tipo de publicidad más provechoso está constituido por los anuncios *gratuitos*. Procura insertar uno en los tablones de anuncios que suelen encontrarse en distintos locales, como tiendas de alimentación, farmacias, iglesias, escuelas, casas de vecinos, piscinas, bares, etc. Inspecciona primero el barrio para averiguar qué tablones de anuncios son visitados asiduamente, y prueba con ellos en primer lugar; si no dan resultado, recurre a los otros. Nunca se sabe dónde puede «saltar la liebre».

Cerciórate de que los tablones de anuncios que proyectas utilizar son públicos, es decir, que cualquiera puede anunciarse en ellos. Es una pérdida de tiempo escribir una nota sólo para que el encargado de turno la retire al día siguiente. En caso de duda, pide información al director o encargado del local. Comprueba el tamaño de los anuncios ya existentes, así como el espacio libre disponible. Por mucho que desees hacer destacar el tuyo, no está bien que cubras el de otra persona. Inquiere si hay establecido un límite para el tiempo que puede permanecer el anuncio en el tablón. Hay veces en que la demanda de espacio obliga a consignar la fecha en cada anuncio. Cuando ha transcurrido el plazo fijado, la persona que está al cuidado del tablón retira el anuncio.

Una vez decidido el número de avisos que vas a insertar y su tamaño, prepara un esbozo del texto, pues es importante. Ten en cuenta que nadie dedica demasiado tiempo a leer los carteles. La persona interesada en algo los recorre rápidamente con la vista en busca de ciertas palabras clave. Tan pronto como descubre una («canguro»,[1] «niñera»), se detiene a leer los pormenores. Selecciona, por tanto, unas pocas palabras informativas que indiquen lo que ofreces, quién eres y dónde localizarte. El que especifiques o no tu tarifa depende de las ganas que tengas de negociar. Si no te va el regateo, precísala.

---

1. En algunas zonas de España, a la cuidadora de niños se la conoce, popularmente, como «canguro».

Las personas que leen los tablones de anuncios suelen estar de paso, y es raro que tengan papel y lápiz a mano. Salvo que tengas limitación de espacio, es una buena idea escribir tu número de teléfono en varias tiras de papel, recortadas al final de la hoja, que cualquiera podrá desprender fácilmente. Por razones de seguridad, conviene escribir sólo el teléfono, no la dirección.

«CANGURO»

Chico de 15 años, con experiencia en cuidar a bebés y niños pequeños. Fuera de las horas de clase, noches y fines de semana. 300 ptas/hora. Referencias. 2-41-63-72.

NIÑERA POR HORAS

Chica de 12 años cuidaría niños en casa o en el parque. Tardes, de 6 a 9 h. 7-44-9867.

Procura no cometer faltas de ortografía. Escribe limpiamente, a mano o a máquina, guardando una distancia uniforme entre las palabras. Recuerda que tu anuncio será la primera impresión que se hagan de ti. No hay que ser un artista para escribir un buen aviso, pero si lo eres, utiliza tu talento.

Cuando estés satisfecha con el borrador, calcula el número de anuncios que vas a necesitar. Si son sólo unos pocos, puedes escribirlos a mano; en caso contrario, quizá te merezca la pena invertir unas pesetas en fotocopias. Imprime el texto en negro sobre papel blanco de las dimensiones oportunas y hazlo fotocopiar. Podrás añadir colores (con rotulador, lápiz, etc.) más tarde.

Si tienes la posibilidad de que alguien (p. ej., un amigo adulto que trabaje en una oficina o escuela) te proporcione gratuitamente las fotocopias o multicopias, puedes distribuir circulares, aunque es ésta una forma de publicidad que exige más espíritu

de determinación. (En tal caso, olvídate de colorear el texto.) Recorre tu barrio y los adyacentes introduciendo las circulares en los buzones, o deslizándolas por debajo de las puertas. Plántate ante la puerta de la sala de conferencias de la escuela, antes de que comience una reunión de padres y profesores, y entrega las circulares a los padres asistentes. El parque local y la guardería son otros lugares estratégicos de encuentro. En cualquier caso, debes estar preparada para escuchar algún que otro exabrupto.

Otro camino que se te ofrece es la publicación de tu anuncio en revistas que lo hacen gratuitamente (como el *Segunda Mano*) o, si dispones de dinero, en periódicos de gran tirada. Debes trabajar el texto con el mismo cuidado, pero indicando además la zona de residencia en que estás dispuesta a trabajar. Te ahorrarás así decepcionantes llamadas telefónicas de familias que viven demasiado lejos. La publicidad pagada tiene mucha mayor difusión que la gratuita.

SE OFRECE CUIDADORA DE NIÑOS. Estudiante de BUP en la zona de Argüelles. Experiencia con niños recién nacidos y hasta la escuela primaria. Noches solamente. Referencias 4-48-45-23.

Antes de decidirte a publicar un anuncio, llama por teléfono a la redacción del periódico para informarte del precio. Hay publicaciones especializadas en ofertas y demandas de trabajo que, por lo general, cobran menos que los periódicos de gran tirada. Díctales el texto exacto (tal vez te aconsejen sobre el modo de abreviar o destacar ciertos puntos); te informarán del precio, que puede estar sujeto a un descuento cuando el anuncio se imprime en más de un número de la publicación. Anota las informaciones recibidas, para no olvidarlas. Si la persona que está al teléfono te apremia para que contrates el anuncio inmediatamente, pero todavía no estás decidida, dile cortés pero inflexiblemente que prefieres pensarlo. Pregunta cuándo es el cierre de la edición (el último día y hora en que puedes llamar) y cuelga. No te precipites. El cometido de la persona que te atendió es vender anuncios; el tuyo es velar por tus intereses.

Las ofertas de trabajo

Antes o después, cualquier forma de publicidad que utilices generará pesquisas en torno a tu persona. Querrán investigar sobre ti. En el caso de la publicidad de boca en boca, lo más probable es que conozcas, aunque sólo sea de oídas, a la persona que te telefonea, te hace una visita o te detiene en la calle para interrogarte. En tal caso, puedes suponer que es digna de confianza. Por el contrario, cuando tu anuncio incide en alguien desconocido, *debes ser prudente.*

Antes de facilitar tu dirección y cualesquiera otras señas personales, inquiere el nombre del oferente, su domicilio, número de teléfono y cuanta información necesitas para confiar en su sinceridad. Jamás recibas a un extraño cuando estés sola en casa, ni te cites con él en su coche o en otro lugar. Jamás aceptes un empleo ofrecido por un extraño sin hacer comprobaciones. En caso de duda, pide consejo a tus padres o hazte acompañar por ellos en tu primera entrevista. Es triste tener que dar estos consejos, que hablan muy poco en favor de la vida de nuestro tiempo, sobre todo en las grandes ciudades.

En cuanto la persona que te ofrece empleo se haya ganado tu confianza, muéstrate abierta y comunicativa sobre el asunto que os concierne a ambos. Infórmate sobre el número de niños y sus edades. Considera detenidamente si eres capaz de controlarlos. Otro aspecto que te interesa tratar es el transporte. Si vives lo bastante cerca como para ir y volver andando, lo único que debes acordar es quién te acompañará. Especialmente a altas horas de la noche, será mejor que un adulto te escolte hasta el portal de tu casa. Cuando se vive lo bastante lejos como para necesitar un medio de transporte, lo habitual es que uno de los padres de la familia para quien trabaja la recoja y la lleve a casa en su coche. En otros casos le pagan un suplemento para el autobús o el taxi. En cualquier circunstancia, tu seguridad es prioritaria. (Consulta el párrafo sobre embriaguez de la pág. 29.)

La persona que va a darte empleo querrá informarse sobre tu experiencia, tarifa y disponibilidad. Durante la entrevista, no dejará de observar tus modales ni los términos en que te expresas. Debes ser franca y honrada en tus respuestas. Nada de rodeos.

Cuando hables de tu experiencia con niños, sé precisa: «Sí, he cuidado niños durante los dos últimos años, sobre todo en casa de las señoras Fulanita y Menganita, aunque también he trabajado para otras familias. Los niños tenían desde tres meses hasta seis años». O bien: «Empecé a cuidar niños el verano pasado, en casa de los señores Gutiérrez, que tienen dos hijos de tres y cinco años. Me encantaría ocuparme de un niño más pequeño, siempre que no estemos solos mucho tiempo hasta conocernos bien».

Cuando te pregunten la tarifa que cobras, mira a los ojos de tu interlocutor; responde sin vacilación y con voz tranquila. Si tu tarifa entra dentro del margen que es habitual en el barrio, lo más probable es que la acepten sin más. En caso de que tu interlocutor sea aficionado a regatear, o de que tu tarifa resulte un poquito elevada, quizá desees exponer tus razones para pedirla, aunque no es imprescindible. No te será difícil hacerlo cuando esté justificada: «Es lo que suelen cobrar en la zona las chicas de mi edad y experiencia». O bien: «Cobro un poco más de la media porque, aunque sólo tengo catorce años, poseo mucha experiencia, sobre todo con niños pequeños, y he aprobado un curso de primeros auxilios de la Cruz Roja». Cuando la otra persona haga una contraoferta o te presione (en términos parecidos a éstos: «No puedo permitirme pagar tanto»), tendrás que decidir entre dos posturas: mantenerte firme o rebajar la tarifa. Si crees que la otra persona no es justa o, sencillamente, no te interesa trabajar por el dinero que te ofrece, rechaza el empleo con educación: «Lo siento, pero no puedo rebajar mis honorarios». O bien: «Creo que no soy la persona que le conviene». Si, por el contrario, necesitas el empleo o ves en él otras compensaciones, nada te impide ceder. Siempre podrás reajustar la tarifa en otros aspectos (pág. 13).

En lo concerniente a tu disponibilidad, es importante que tengas las ideas claras y organizadas. *Una agenda* te ayudará a recordar tus compromisos. Nada más embarazoso que presentarse al trabajo el día que no es y ser recibida por caras desconcertadas, o que, en medio de una apacible comida con los tuyos, telefonee un padre frenético porque no llegas.

La mejor agenda es aquella que te permite ver de un vistazo los compromisos de una semana o un mes, y en la que dispones de espacio suficiente para anotar tus citas. Consérvala a mano, en tu cartera o cerca del teléfono, y actualízala día a día. No sólo debes anotar tus compromisos de trabajo, sino también las clases de música, las salidas en familia, etc. De este modo, cuando alguien desee saber qué tiempo tienes disponible, podrás darle una respuesta precisa: «Estoy libre los días laborables de 6 a 8 de la tarde hasta dentro de dos semanas, que es cuando empiezan los ensayos de teatro en mi escuela. A partir de entonces estaré libre los días laborables por la noche, de 9 a 11 horas (dejas un margen de tiempo para cenar y hacer los deberes). Los viernes por la noche suelo estar libre hasta muy tarde». No menciones el sábado, porque esa noche trabajas en otra casa, ni el domingo, porque te reservas ese día para estar con tu familia. Cuando soliciten tu asistencia en un día determinado, basta que compruebes en tu agenda si lo tienes libre. En caso afirmativo, aceptas el trabajo y tomas debida nota de ello.

Procura no sobrecargar tu agenda. Te dedicas a cuidar niños, entre otras razones, para ganar dinero, el cual es un poderoso incentivo. Sin embargo, podrías contraer tantas obligaciones que tendrías que correr de casa en casa, sin tan siquiera un momento para dedicar a tu familia o para estar sola haciendo lo que te plazca. Y eso no sería justo ni para ti, ni para los tuyos, ni para las familias a las que asistes. Concede un respiro a tu agenda... y a tu vida.

Hablemos ahora de lealtades. Es probable que un par de familias dependan absolutamente de ti para cuidar de los niños, y que en el pasado hayan sido tus principales fuentes de trabajo. Tal vez estés con ellas desde que te iniciaste en esta profesión. Los niños te conocen bien y les encanta quedarse contigo. Por mucho que desees conocer gente nueva y enriquecer tus experiencias —y si lo deseas de verdad, lo conseguirás—, no te olvides de estos viejos amigos. Si, por ejemplo, siempre has trabajado para determinada familia los sábados por la noche, continúa haciéndolo. Ponte a disposición de tus nuevos clientes, la noche del viernes o cualquier otro momento. De plantearse un conflicto (p. ej., una nueva familia te solicita cierta noche en la que crees hacerle falta a otra, pero no estás segura), no dudes en consultar, eso sí, siempre que no demores demasiado tu respuesta a la nueva familia que te contrata. Nada hay de malo en hacer saber a los viejos amigos que estás más solicitada que antes. Apreciarán tu tacto al pensar en ellos primero, ¡y hasta es posible que te concedan un aumento!

Después de tratar todas estas cuestiones, quedará claro si tú y la persona que te entrevista podéis llegar a un acuerdo. Es posible que te prometa llamarte en breve, o incluso que te contrate sobre la marcha.

El día de estreno en el trabajo

Te conviene presentarte aseada, limpia y bien peinada, pero sin lujos. Tu nueva camisa de seda no va a impresionar a los niños y, en cambio, puede impedir que juegues con ellos. Viste ropas cómodas y lavables, y abrígate de acuerdo con la estación. Antes de salir de casa —la primera vez que trabajes para una familia—, deja anotados a tus padres el nombre, la dirección y el número de teléfono del matrimonio al que vas a asistir, así como la hora a la que esperas estar de regreso.

Cuando una familia es completamente desconocida, no es mala idea hacerles una breve visita antes del trabajo propiamente dicho. Así no sólo tendrás ocasión de negociar los últimos detalles, sino de conocer a los niños y familiarizarte un poco con los hábitos de la casa. Muchas veces, sin embargo, esta visita preliminar es imposible, con lo que es preciso ultimar estos detalles el primer día de trabajo. Por esta razón, y porque los niños, máxime cuando son pequeños, tienen que habituarse a ti poco a poco, tu primer servicio como canguro debe ser relativamete breve.

Anuncia que llegarás con media o una hora de antelación. Prepara una lista (en tu cabeza, y mejor sobre el papel) de los puntos que deseas comentar con los padres antes de su partida. Cuanto más organizada seas, antes encontrarás respuesta a tus dudas, y menos probable será que olvides algo importante. Por otro lado, tu actitud responsable te hará ganar muchos puntos.

El primer punto en el orden de prioridades es conocer a los niños y recibir instrucciones sobre su cuidado. Lleva este libro contigo y utiliza el último capítulo como cuaderno de notas. Consigna en él los números de teléfono de urgencia, así como el teléfono en que puedes localizar a los padres esa noche. Haz breves anotaciones para ayudarte a recordar instrucciones específicas, pero no te absorbas en la escritura hasta el punto de no prestar oídos a lo que se te dice (es un peligro que entraña el tomar notas). Si los padres hablan demasiado deprisa, pídeles que repitan las instrucciones con calma. Es importante que entiendas lo que quieren de ti. Ya tendrás tiempo más tarde de completar tus notas. Ahora debes causar una buena impresión a la familia y, al mismo tiempo, estar atenta a la impresión general que ellos te hagan.

Familiarízate con la casa lo suficiente para averiguar lo que vas a necesitar en cuestión de material, comida, ropa, etc. Date una vuelta por la cocina y el cuarto de baño. Echa un vistazo a los animales de compañía. Localiza el teléfono, así como papel y lápiz. ¿Se esperan llamadas, visitas o entregas? Pregunta cómo funcionan las cerraduras, los mandos de la calefacción y cualquier electrodoméstico que vayas a utilizar (para más detalles al respecto, consulta el Capítulo 2)

En el transcurso de la conversación, ultima los detalles que queden al respecto de la tarifa, el transporte y demás asuntos de importancia.

Cuando todo el mudo parezca satisfecho —*y en este aspecto no conviene precipitarse*, ha llegado el momento de despedir a los padres. En cuanto se hayan marchado, dedica tu entera atención a los niños (ver *La Separación,* págs. 56-57). Del modo en que te relaciones con los niños y atiendas a sus necesidades nos ocuparemos en el resto de este libro. Básate en él, en tu experiencia y en tu instinto. Con suerte, esta primera vista será el hermoso principio de una larga amistad.

Al regreso de los padres, recapitula para ellos la situación. Hazles saber cómo se desarrollaron las cosas. Están tan ansiosos como tú de empezar con buen pie. Especialmente en esta primera visita, comenta con ellos cualquier incidente o comportamiento que te haya chocado. Es muy posible que sepan aconsejarte sobre el modo de resolver este tipo de situaciones en el futuro. *Siempre, siempre* da cuenta de los desperfectos o daños que se hayan producido, aunque temas cargar con la culpa. Los descubrirán de todos modos, así que es mejor revelarlos cuanto antes. Infórmales sobre las llamadas telefónicas y demás acontecimientos que les interese saber. Acepta tu paga (cerciórate de que es correcta) y la escolta de una persona hasta tu casa.

Preparación de una bolsa de «sorpresas»

A los niños de cualquier edad les gustan los objetos que son nuevos y diferentes. Si te presentas con una bolsa de «sorpresas» serás especialmente bien recibida. Cuentos, pelotas, tijeras romas, plastelina, recortables, unas cuantas revistas viejas, un juguete de cuerda barato, un osito con música, un juego de pinturas lavables, gafas de plástico, una lupa de bolsillo y un imán son algunos entre los múltiples, objetos que puedes meter en la bolsa. No hace falta que te gastes mucho dinero: adquiérelos en cualquier almacén de artículos baratos o búscalos entre tus viejos juguetes. Deja bien claro desde el principio, para evitar problemas, que las chucherías no son regalos, sino objetos que compartiréis mientras estás allí, y que te llevarás de vuelta a casa.

El trabajo en circunstancias especiales

Con niños de distintos padres

No es raro que varias parejas amigas, cuando van a pasar la noche juntas, deseen compartir una misma chica, sobre todo si sus hijos se llevan bien. Es posible que os reunáis todos en casa de una familia y, una vez instalados tú y los niños, salgan juntos los padres.

Este tipo de arreglo es aceptable siempre y cuando se te informe y obtenga tu consentimiento por adelantado, los niños no sean más de tres (salvo que seas muy experta o permanezcas con ellos breve tiempo) y se acuerde pagarte un suplemento por cada niño a partir del primero.

Si alguna vez, al llegar a una casa, encuentras inesperadamente que hay más niños, tendrás que decidir sobre la marcha entre hacerte cargo de ellos o renunciar. Cualquiera que sea tu decisión, manifiéstala con franqueza y no te importe decir a los padres que, en el futuro, deseas que se te consulte antes. Si decides ocuparte de los niños, llega a un acuerdo económico con los padres antes de que salgan. Aunque es muy probable que hayan pensado en pagarte un suplemento, no debes darlo por hecho. La medida en que te entiendas con los niños dependerá de lo bien que os conozcáis, de su nivel de desarrollo y, por supuesto, de tu capacidad para tratarlos.

Con un niño enfermo

Por lo regular no te interesa ocuparte de un niño enfermo. Para empezar, es una responsabilidad enorme: nunca se sabe cuándo, por ejemplo, le va a subir peligrosamente la fiebre. En segundo lugar, el pequeño necesita el cariño y la seguridad que sólo pueden brindarle sus padres. Por último, puedes exponerte —y exponer al resto de tu familia— a contraer una enfermedad contagiosa. Sin embargo, quizá te encuentres en una situación de emergencia o de verdadera necesidad en la que desees echar una mano a tus amigos.

Supón que te llama la madre de unos niños afectados de varicela. Los dos mayores la están superando, pero el pequeño acaba de contraer la fiebre. El padre trabaja y no hay ningún otro adulto al que recurrir. Puesto que tú y tus hermanos habéis pasado ya la varicela, aceptas cuidar de los dos mayorcitos un par de horas, mientras la madre va con el pequeño al médico.

En un caso como éste, *asegúrate doblemente* de contar con un número de teléfono en el que puedas localizar a la madre. Asegúrate también de que, antes de partir, te instruye sobre lo que pueden o no pueden hacer los niños y sobre lo que debes hacer tú. Si ordena que permanezcan en cama, consíguelo valiéndote de la persuasión —juegos tranquilos, dibujos, cuentos, televisión—, nunca de la rudeza (no olvides llevar contigo la bolsa de sorpresas). Si la madre te da instrucciones para que les administres medicamentos, hazlo exactamente a la hora y en la cantidad indicadas. *Jamás des medicinas a un niño sin haber recibido instrucciones específicas.* Y sobre todo, si un niño empeora mientras estás sola con él —le sube la temperatura, empieza a vomitar o se queja penosamente—, telefonea a la madre para que acuda enseguida. Nunca aceptes ocuparte de un niño que está enfermo hasta ese punto. Nunca cuides a un niño enfermo cuando tú misma te sientes mal: la combinación de gérmenes podría ser desastrosa.

En tu casa

Hay ocasiones en que resulta más conveniente atender al niño en tu casa, en lugar de la suya, sea porque uno de sus padres trabaja en casa, sea porque están pintando su dormitorio. Tal vez eres tú la que prefieres permanecer en tu domicilio, bien porque estás esperando un envío, bien porque así puedes cuidar al mismo tiempo de tu hermanito. Para que el arreglo funcione, debe satisfacer a todo el mundo. De poco te vale contentar a una pareja de padres —los tuyos o los del niño— cuando la otra queda disconforme. Por la misma razón, el niño debe encontrarse, a gusto en tu casa. Basta que se sienta bien acogido y que guste de explorar nuevos ambientes para que le ilusione la idea. (Te sorprenderá comprobar cómo los objetos más corrientes de tu hogar le encandilan, simplemente por la novedad.) En cambio, cuando se resiste a separarse de su madre (v. *La separación*, pág. 56) o extraña el ambiente, estará mejor en su casa.

Con toda la familia, en una ocasión especial

Puede ocurrir que te inviten a reunirte con una familia en una ocasión especial, tal vez una boda o unas breves vacaciones. ¡Considérate afortunada! Los padres desean que sus hijos estén presentes, pero no tienen tiempo —o ganas— de ocuparse de ellos cada minuto. Aunque de trabajo se trata —estás allí para atender a los niños—, puedes pasarlo muy bien. Lo lógico es que te paguen el transporte y los gastos de mantenimiento. En cambio, la tarifa es un asunto negociable, en función de las demás compensaciones que te depare la experiencia. No puedes exigir unos honorarios exorbitantes cuando ya te pagan la estancia en un hotel suntuoso.

Toda la noche

Cuando los padres de un niño se van a ausentar 24 horas o más, acostumbran recurrir a un familiar para que se haga cargo del pequeño. Pero hay ocasiones en que los familiares viven demasiado lejos o no están disponibles por otros motivos, y entonces es posible que los padres te pidan permanecer toda una noche en su casa. Sólo debes acceder si eres muy experta y eficaz en tu trabajo, y si conoces bien a los niños. Supone una tremenda responsabilidad, además de un gran paso adelante en tu carrera. Por primera vez, tendrás un visión realista de lo que significa ser padre.

Como es mucho tiempo, probablemente los padres no desearán pagarte la tarifa estricta, así que debes estar preparada para negociar un precio global. Por un lado, si estás lo bastante cualificada como para atender a los niños toda la noche, tus honorarios serán elevados, situándose en el límite superior de lo que es habitual en el barrio. Por otro lado, y pese a la responsabilidad que supone quedarse toda la noche, los niños estarán dormidos la mayor parte del tiempo. Disponte a rebajar tu tarifa hasta dos tercios o tres cuartos del valor normal. Supongamos, por ejemplo, que tu tarifa es de 300 ptas/hora. 24 horas de trabajo supondrían 7.200 ptas. Ofrécete a cubrir dicho tiempo a cambio de 5.000. Si te hacen una contraoferta de 4.500 ptas, seguirá siendo un precio aceptable.

Es de suponer que te proporcionarán alimento y cama, pero debes llevar contigo todo cuanto consideres que contribuirá a tu bienestar: ropas, bolsa de aseo, libros, labores, etc. No estaría mal que un miembro de tu familia se dejase caer por la casa para brindarte consejos o compañía. Pero no te hagas acompañar por amigos, salvo que lo hayas acordado con los dueños de la casa (v. pág. 28).

Cuando cuides a un niño toda la noche, o más tiempo, has de estar preparada para cualquier eventualidad. Entérate de la dirección en que se encontrarán los padres, así como el medio de localizarlos a cualquier hora. Si ello no es posible, haz que te llaman de vez en cuando. Extrema todas las precauciones relativas a los números de teléfono de urgencia, sobre todo los de vecinos y familiares que puedan ayudarte en situaciones comprometidas. Averigua si alguno de los niños ha estado enfermo recientemente, y lo que debes hacer en caso de recaída. Cerciórate de que todo cuanto necesitas está en la casa —comida, biberones, pañales de usar y tirar—, o de que puedes hacer un pedido por teléfono. Recuerda que no sólo te quedas al cuidado de los niños, sino también de la vivienda y los posibles animales de compañía; pide instrucciones al respecto. ¿Tienes que regar las plantas? ¿Sacar al perro de paseo? ¿Cómo echarás el cerrojo por la noche? ¿Quién puede hacer una reparación de urgencia?

Parte de las actividades que entraña el cuidado de los niños ya te son familiares; a fin de cuentas, has jugado con ellos, les has alimentado, bañado y acostado en anteriores ocasiones. En cambio, quizá no estés habituada a ocuparte de ellos a medianoche o por la mañana temprano. Pregunta a los padres si suelen despertarse, y a qué horas (!). Tal vez decidas acostarte antes de lo que es tu costumbre. Explica a los niños que estarás con ellos, en lugar de sus padres, durante bastantes horas. Escribe un cuento sobre vuestra experiencia en común (v. pág. 110). Enterate de sus hábitos cotidianos, actividades preferidas y tipo de alimentación. Establece un equilibrio entre lo familiar, para que no extrañen nada, y lo desusado, para que vivan vuestra experiencia juntos como una aventura. Disponte a inventar proyectos, juegos y salidas a la calle. Mantenlos ocupados. No permitas ni un instante que la soledad o el aburrimiento os invadan, ni a ti ni a los niños, salvo que ellos deseen un momento de descanso. Al término de tu estancia, todos habréis ganado en saber y en experiencia.

Circunstancias incómodas

Cancelación de citas
En el trabajo de cuidar niños para otros, el problema más frecuente y molesto para todos estriba en la cancelación de las citas concertadas. A última hora, una de las partes telefonea para cancelar una cita. Para los padres representa renunciar a salir esa noche, o buscar frenéticamente una sustituta. Para la niñera supone en general una pérdida económica. En uno y otro caso significa un cambio imprevisto de planes. Es razonable suponer que puede producirse de vez en cuando una cancelación repentina por motivos de peso, pero cuando ocurre con fre-

cuencia es que alguna de las partes actúa sin consideración hacia la otra.

Una causa especialmente frustrante de cancelaciones son los malentendidos. Alguien se equivoca de fecha o de hora. He aquí una razón de más para tomarse la molestia de llevar una agenda (v. pág. 19). Cuando tengas dudas, pregunta. No supongas que los padres suponen nada.

Cerciórate bien de que estás libre antes de aceptar un trabajo; y una vez aceptado, no falles. Habrá momentos en que no te sientas con ánimos. Quizá te quedaste hasta muy tarde la noche pasada preparando un examen; el examen fue un fracaso; tuviste prácticas en la escuela; y acabas de llegar a casa, cansada, hambrienta y deprimida. La idea de salir otra vez para cuidar de unos diablillos durante dos horas te produce pánico. *No canceles la cita.* Toma una ducha, cena bien y acude al trabajo. No será precisamente tu noche, pero al menos habrás mantenido tu palabra. Si los exámenes te suelen desquiciar, en adelante debes tenerlo en cuenta y procurar que no coincidan con tus citas de trabajo.

En algún momento de tu carrera, no tendrás, *más remedio* que cancelar una cita. Por ejemplo, al principio de la semana quedaste en ir a una casa la noche del sábado. Dos días más tarde tus padres deciden que toda la familia pasaréis fuera el fin de semana. Tienes la obligación de comunicárselo enseguida a los padres del niño; cuanto antes, mejor. Necesitarán tiempo para encontrar una persona que te sustituya. A lo mejor puedes facilitarles las cosas, recomendándoles a una amiga responsable.

No debes hacerte cargo de ningún niño cuando estés lo bastante enferma como para faltar a clase, o cuando padezcas una infección contagiosa. Los niños de corta edad son muy suceptibles a los gérmenes. En caso de duda (p. ej., te encuentras bien, pero estás acatarrada), consulta con los padres. Si estás obligada a cancelar una visita, hazlo cuanto antes y procura encontrar una sustituta.

Cuando las cancelaciones se repitan por la otra parte (generalmente, vendrán siempre de los mismos padres), tendrás que tomar medidas. Sin embargo, concédeles antes el beneficio de la duda que querrías para ti misma. Es posible que alguien les esté fallando a su vez, o que uno de los niños esté enfermo. Cualquiera de las dos constituye razón suficiente para que se queden en casa. Pero igual que tú, tienen la obligación de comunicártelo cuanto antes.

De repetirse con excesiva frecuencia las cancelaciones de última hora por la otra parte, ten unas palabras con los padres. Explícales francamente tu postura. Cuando aceptas trabajar para ellos, te comprometes. Rechazas otros trabajos que te puedan surgir. Y si después cancelan la cita, pierdes dinero. Tal como están las cosas, de ahora en adelante les exigirás un pago de compensación (p. ej., un porcentaje de tu tarifa regular) cada vez que, debiendo trabajar para ellos, no puedas hacerlo por su culpa. En otras palabras, si te han contratado para una noche, tendrán que pagarte un tanto aunque cancelen la cita. Son palabras mayores, pero si te expresas con calma y seriedad, tendrán que aceptar tus razones. Y si no las aceptan, deja de trabajar para ellos.

Llegar tarde

No debes faltar a la puntualidad, cuando menos no con demasiada frecuencia. (Según los psicólogos, cuando una persona es impuntual por sistema, tiene un conflicto interno. Reflexiona sobre ello). Como es lógico, a las personas puntuales les fastidia que el otro llegue siempre con retraso. Organízate para salir de casa con tiempo suficiente. Cuando sepas que vas a llegar tarde irremediablemente, telefonea a los padres para decirles que estás en camino.

Si llegas a tu hora, pero los padres se demoran en salir, es razonable suponer que te pagarán de todas formas esa fracción de tiempo. Es más, no dejarán de apreciar tu seriedad. Y si en el intervalo distraes a los niños con algún juego, se marcharán tranquilos; probablemente sea ésta la razón de su tardanza en salir.

No debes enojarte en esas raras ocasiones en que el regreso de los padres se hace esperar, por culpa del tráfico o del lento servicio de un restaurante. Una vez más, empero, están tan obligados a telefonear como tú en el mismo caso. Cuado el retraso se convierte en costumbre, puede ser molesto para ti. Tus padres se preocuparán. Si tienes que madrugar a la mañana siguiente, estarás todo el día agotada. Aborda el problema sin rodeos, pues las insinuaciones de nada servirán.

Tantea primero la vía del diálogo. Deja las cosas claras cuando aceptes el trabajo: «Me encantaría trabajar para usted, pero *tengo* que estar en casa a las 11 de la noche» (o a la hora que sea). Recalca la importancia. Tienes que asistir a clase temprano, es una condición que te imponen tus padres (¡en este aspecto puedes echarles la culpa!), etc. Si están de acuerdo con esta condición, adelante, pero refréscales la memoria antes de su partida: «Que se diviertan. ¡Ah!, recuerden que debo estar en casa a las 11». Caso de que persistan en llegar con retraso, tendrás que decidir si te conviene seguir trabajando para ellos. Pero no tienes porqué despedirte esa misma noche, aunque ya lo hayas resuelto. Estarás cansada y de mal humor. Espera a la próxima vez que soliciten tus servicios y, entonces, explícales el asunto con buenos modos: «Señor Villasante, no puedo trabajar para usted porque vuelve siempre tarde. Al día siguiente me encuentro cansada, mis padres se preocupan y, la verdad, no merece la pena». Aunque se lleven un disgusto, es poco probable que rectifiquen su conducta.

También puede ocurrir que, pese a su falta de puntualidad, les tengas aprecio y desees trabajar para ellos. En tal caso te recomendamos un método casi infalible. Cuando haya pasado la hora y comprendas que, como de costumbre, los padres se retrasan, telefonea a uno de los tuyos (preferiblemente a tu padre, pues el impacto será mayor) para que acuda a tu lado. En cuanto él llegue, márchate. Deja que reciba al matrimonio informal. Bastará con que les señale la hora. Quedarán tan atónitos y avergonzados que, muy probablemente, no volverán a llegar tarde.

Las reglas del juego

Como en todo, en el trabajo de cuidar niños existen algunas reglas que conviene respetar. Dejando a un lado la ética, hay cosas que no debes hacer, porque te impedirían rendir debidamente.

Quedarte dormida

A veces es una tentación irresistible, sobre todo a altas horas de la noche: cuando estás dormida, sin embargo, no te enteras de lo que ocurre. Un estrépito en la habitación de al lado puede significar que se ha caído un juguete, pero también que se ha dado un golpe el niño. Haz cuanto esté en tus manos para permanecer despierta. Mira la televisión, resuelve tus problemas de matemáticas o prepárate un café. Lo mejor es que te eches una siesta cuando sepas que vas a trabajar hasta muy tarde.

Invitar a tus amigos

No es ningún delito, a condición de que consultes por adelantado a los dueños de la casa (no te presentes con un amigo o amiga del brazo), y siempre que el amigo no suponga un estorbo en tus obligaciones. Los enamorados no trabajan bien. Es natural que, al quedarse solos, se pongan tiernos el uno con el otro, olvidándose de todo lo demás. Y si los padres, a su regreso, los encuentran haciéndose arrumacos, no les entusiasmará precisamente, por liberales que puedan ser.

Drogarte

Jamás tomes drogas ni alcohol cuando seas responsable de la asistencia y la seguridad de otra persona. Aunque creas que conservas el control, tus percepciones estarían alteradas.

De la misma manera, hay cosas que los padres del niño que cuidas nunca deben hacerte.

Llegar a casa en estado de embriaguez

Resulta lastimoso, tanto más cuando son los responsables de devolverte a casa sana y salva. Nunca te subas a un coche con una persona bebida o drogada. Telefonea a tus padres para que te recojan. Entretanto, mantén una actitud discreta.

Propasarse

Ocurre raras veces y, en general, es consecuencia del estado de embriaguez del adulto. No des pie a ningún avance sexual. Por muy adulta que parezcas y te sientas, sigues siendo mucho más joven que el padre del niño, y sumamente vulnerable. Márchate cuanto antes. Informa a tus padres del asunto .

Estafarte

Cuando alguno de los padres deja de pagarte la cantidad acordada, se trata casi siempre de un error o mal entendido. Con tanto, señala el error: «¿No acordamos que serían 250 ptas/hora? He estado tres horas, así que me debes 750 ptas». Por lo regular basta una indicación de este tipo. Ahora bien, si te discuten o aducen que no tienen cambio, más vale que tomes lo que te dan y te marches. Considérate estafada. No vuelvas a trabajar para ellos y pon sobre aviso a las otras chicas que conozcas.

La inmensa mayoría de las transacciones comerciales y conversaciones con los padres se desarrollarán en buenos términos, aunque no necesariamente de la forma exacta que acabamos de describir. Las personas son tan distintas como las situaciones. Pero basándote en estas orientaciones y en tu sentido común, no hay duda de que sabrás desenvolverte.

2. El entorno doméstico

Desenvolverse bien en casa ajena tiene algo de arte. Exige tacto, sentido común y saber acometer las elementales labores domésticas. Durante tu trabajo, ten presente que te encuentras en un entorno muy personal. Un hogar es la expresión del carácter colectivo de una familia, su afectividad, nivel intelectual, aficiones, intereses, gustos, situación económica y aspiraciones. A poco observadora que seas, captarás toda esta información. Procura reservarte tus opiniones. Acepta su estilo de vida tal como es. Respeta la privatividad familiar. Trata sus pertenencias como a ellos les gustaría que lo hicieras.

Evitar accidentes

Tu primera responsabilidad se refiere a la seguridad del niño. Cada vez que acudas a una casa, date una vuelta de inspección, con el fin de localizar y neutralizar los posibles riesgos. Hazlo discretamente; basta que el pequeño te vea afanarte con un enchufe, para que se despierte su curiosidad.

La prevención de accidentes es tan importante que nos ocuparemos del tema en casi todos los capítulos de este libro: los resbalones en *El momento del baño,* las quemaduras a *La hora de las comidas,* etc. Todos los niños son víctimas de accidentes leves, tales como caídas de bruces y magulladoras en las rodillas. Por mucho que te esfuerces, no lograrás evitarlos. De ocurrir lo peor, consulta el capítulo *Primeros auxilios y urgencias,* en las páginas 111-132. Veamos ahora los peligros domésticos más generales, frente a los que debes estar prevenida.

Los objetos rotos o desperdigados en el suelo son causa de

tropezones y caídas. Entre ellos pueden ocultarse botones, alfileres, chinchetas y otros utensilios que son peligrosos en manos de la gente menuda. No tienes porqué limpiar toda la casa (¡aunque lo necesite!), pero recoge los objetos dudosos y ponlos fuera de alcance.

Los juguetes deberían estar confinados a la habitación o la zona de juegos, lo que no acontece en la mayoría de los hogares. Los niños se las pintan solos para desperdigar sus pertenencias de un extremo a otro de la casa. En situaciones de descontrol, los juguetes se convierten en armas peligrosas. El orden no es precisamente una cualidad infantil. Aunque recibas ayuda, tendrás que ser tú quien recoja el material de juego. Recuerda que muchos juguetes pensados para niños mayorcitos son peligrosos en manos de los más pequeños. Atención a las piezas afiladas o cortantes que puedan desprenderse. No permitas que un bebé, juegue con un objeto menor que un puño, pues no tardaría en llevárselo a la boca.

Las ventanas, abiertas y sin persianas, invitan a las caídas. Cierra completamente las ventanas que no posean persianas ni mosquiteros, o deja abierta solamente la parte superior en las que son de guillotina. Nunca permitas que el niño se encarame hasta una ventana, por protegida que parezca estar. Podría desprenderse la persiana o el mosquitero.

Las puertas han de abrirse y cerrarse con suavidad, ya que podría haber un niño detrás, o con los dedos colocados donde no deben estar. Conviene cerrar con llave las puertas que se abren al exterior o a una escalera.

Las escaleras deben estar totalmente libres de objetos en todo momento. Cuando subas o bajes con un niño en brazos, conserva una mano libre para sujetarte al pasamanos (v. ilustración de la pág. 51). Mantén bloqueadas las salidas de seguridad y evita por todos los medios que un niño que gatea tenga acceso a las escaleras.

Los ventiladores tienen potencia suficiente para producir cortes en los dedos, incluso para amputarlos. Sitúalos fuera del alcance de los niños, estén funcionando o no. Jamás dejes a un niño solo en una habitación en la que está en marcha un ventilador.

Las chimeneas y estufas son especialmente peligrosas. Utiliza las pantallas protectoras. Jamás dejes a un niño solo en una habitación en la que arde un fuego.

Los cigarrillos pueden ser mortales. Además de provocar graves quemaduras, son frecuente causa de incendios. Cuando no puedas evitar el fumar, hazlo lejos del niño y apaga la colilla mojándola con agua. Nunca fumes mientras juegas o estás en contacto físico con un niño. Sitúa las *cerillas* y los *mecheros* fuera de su alcance.

Los enchufes fascinan a los niños que andan a gatas. Incluso los que son mayorcitos experimentan la tentación de introducir algo en esos misteriosos agujeros, exponiéndose a sufrir gravísimas quemaduras y a electrocutarse. Todos los enchufes que no se estén usando deben cubrirse con protectores de plástico. Vigila además los que estén en uso y a la vista. Antes de tocar tú misma un enchufe, comprueba que tienes las manos secas.

Los cables eléctricos y del teléfono se mantendrán sujetos en prevención de caídas accidentales. Es imprudente usar cables raídos o en mal estado. Atención al niño que está echando los dientes: en su afán de morder, no distingue los objetos inocuos de los que no lo son. Vigila los cordones de la persianas, los cinturones, las correas y las cuerdas de todo tipo, que pueden ser causa de estrangulamiento.

Las herramientas de cualquier género, desde las sierras hasta los abrelatas de cocina, ofrecen una peligrosidad que depende del nivel de comprensión y la destreza del niño. En caso de duda, esconde la herramienta con la mayor diplomacia posible.

Los tóxicos acechan por todas partes. Por mucho que te esmeres en cerrar el botiquín y el armario que contiene los productos de limpieza, siempre andarán por el medio el esmalte de uñas o las bayas del jarrón de flores. Quizá te sorprenda saber que ciertas plantas de interior —en especial el filodendro, la dieffenbachia, la violeta africana, la poinsettia, la begonia y el tejo— son venenosas. No puedes impedir que el niño explore gustativamente su mundo, lo que por otra parte, es necesario y enriquecedor para su desarrollo, pero sí puedes alejar de él las sustancias tóxicas. Aún así, deberás supervisar todo cuanto se lleve a la boca.

Localizar el material necesario

Tendrás que familiarizarte lo suficiente con la organización de la casa para encontrar todo aquello que te es imprescindible en tu trabajo. En el curso de tu primera visita, haz que los padres te indiquen dónde se guardan las cosas. Muchos artículos domésticos suelen estar en sitios obvios (tanto más obvios cuanto mejor conozcas a la familia), pero en este aspecto la organización de los hogares es muy variable. Facilitamos a continuación una lista de útiles que probablemente te servirán alguna vez o, quién sabe, puede que nunca. No hace falta que asedies a los padres con preguntas sobre todos y cada uno de estos útiles, pero te conviene tener una idea general de su localización. En situaciones imprevistas, pregunta a los niños: pueden estar enterados. (De los accesorios para la alimentación, el baño y el cambio de pañales nos ocuparemos en otros capítulos.)

- copias de llaves
- reloj
- caja de herramientas
- botiquín de primeros auxilios
- cordel
- tijeras
- cinta adhesiva
- esponja o manopla
- toallas de papel
- fregona
- cubo
- detergente
- otros productos de limpieza
- escoba
- recogedor de polvo
- aspiradora
- desatrancador de ventosa
- bolsas de basura
- perfumador ambiental
- servilletas de papel
- papel de escribir
- lápices, bolígrafos
- bombillas
- linterna
- pilas
- velas
- cerillas
- caja de fusibles (no es para que tú la toques, sino para que la muestres a la persona indicada)
- aguja e hilo
- chinchetas

Cuando ignores dónde localizar algo que necesitas, es lícito que lo busques en los lugares lógicos. Si, por ejemplo, te hace falta la escoba, es natural que inspecciones el armario de la limpieza, el cuartito de plancha o la despensa auxiliar de la cocina, pero excusas revolver en el dormitorio de los padres. En general, absténte de curiosear entre las pertenencias personales de los adultos, pues no es asunto de tu incumbencia. Esta regla es válida aunque no se impongan límites al territorio que podéis ocupar tú y los niños.

La buena marcha del hogar

Cuando te haces cargo de los niños, en cierta medida te haces responsable también de la casa. Aunque no es tu obligación primordial, debes procurar la buena marcha del hogar hasta el regreso de los padres.

El teléfono

Registra por escrito todos los recados. No confíes en la memoria. Ten siempre papel y lápiz cerca del teléfono, además del número en que puedes localizar a los padres.

Cuando respondas a las llamadas, habla con calma y claridad: «Sí, es la casa de los Sres. Arnaiz. No, la señora no está. ¿Quiere dejar algún recado?». Por razones de seguridad, y salvo que conozcas a la persona que llama, no le digas voluntariamente que el matrimonio va a estar fuera esa noche y quien eres tú.

Cuando soliciten detalles, escamotéalos, pero sin perder la buena educación: «Lo siento, pero no estoy informada», o bien «no se puede poner ahora. Si me deja su nombre y número de teléfono, le transmitiré el recado enseguida».

No te importe que tu interlocutor se impaciente. Comenta el asunto con los padres cuando regresen. Explicarán el motivo de tu prudencia al enojado amigo o pariente. Si recibes una llamada grosera, inquisitiva o amenazadora, informa a los padres sin falta (v. *llamadas desagradables* pág. 132).

No se supone que debas tomar recados prolijos, pero procura, anotar lo siguiente: la hora de la llamada, por quién preguntaron, el nombre y apellido de la persona que llamó, si espera o no contestación y, en caso afirmativo, su número de teléfono. En su caso, puedes anotar un recado *breve*. Deja la nota cerca del teléfono o en cualquier otro lugar que esté bien a la vista. Un ejemplo de recado podría ser el siguiente:

9,30 horas. Margarita Rivas llamó a la Sra. Arnaiz para un asunto del coche. Que la llame mañana por la mañana al 2-21-61-12.

En los grandes almacenes y las papelerías se venden cuadernos ilustrados para anotar recados de teléfono, que son prácticos y de aspecto profesional. Puedes llevar uno en tu bolsa de sorpresas, para usarlo durante el trabajo.

Sólo en casos urgentes debes facilitar el número de teléfono en el que están localizables los padres. Pero incluso en situaciones de urgencia, y salvo que sea imposible (p. ej., llaman desde un teléfono público y están muy apurados), es mejor que anotes el nombre y el número de la persona que llama para después telefonear tú a los padres. De este modo podrán regresar a casa o devolver la llamada desde donde se encuentran.

Por tu parte, estás autorizada a hacer alguna que otra llamada personal, siempre que respetes dos normas: no colgarte del teléfono cuando los niños te necesitan, ni ocupar la línea demasiado tiempo. Si pones una conferencia, debes pagarla.

Visitas/entregas/reparaciones

Antes de que salgan, pregunta a los padres si esperan alguna visita esa noche. De ser así, inquiere detalles sobre la identidad y el aspecto de la persona, así como sobre el motivo de su visita. Cuando llamen al timbre, no abras la puerta hasta cerciorarte de que se trata de la persona que esperas. Solicita su identificación y compruébala por la mirilla o la ventana. Los repartidores y el personal de reparaciones a domicilio están acostumbrados a estas medidas de seguridad. Por lo demás, cualquier visitante que te eche en cara tu prudencia, es poco razonable; no le dejes entrar, y haz saber a los padres que alguien te acosó.

Acompaña personalmente a cualquier repartidor o persona que acuda a hacer una reparación, conduciéndolo hasta la zona de la casa que le concierne. Sin perder la vista a los niños, quédate cerca de él para supervisar su trabajo y responder a sus preguntas, pero no le des demasiada confianza ni le animes a demorarse más de lo imprescindible. Cuando haya terminado su tarea (quizá tengas que firmar un recibo o una factura), acompáñalo de nuevo hasta la puerta y echa el cerrojo cuando haya salido.

Cuando llegue un pedido del supermercado, mete en el frigorífico los productos perecederos. A los dueños de la casa no les gustaría encontrarse con una lechuga ajada o un helado derretido.

Si alguien llega inesperadamente y desconoces su identidad, *no abras la puerta,* por mucho que asegure ser un amigo, pariente o vecino: «Lo siento de verdad, pero los Sres. Arnaiz no están en este momento. Tenga la bondad de volver más tarde». Ante su posible insistencia: «No puedo abrirle. Con mucho gusto diré a los señores que ha estado usted aquí, pero tendrá que volver en otro momento». A decir verdad, es más probable que estés espantando a un amigo que a un malhechor, pero conviene ser prudente. Informa a los padres para que puedan dar una explicación a la persona frustrada. (Un paquete postal o una carta certificada inesperados constituyen la excepción; de todas formas, comprueba el uniforme y la identificación.)

Si alguien te molesta hasta el punto de asustarte, o si dudas de sus buenas intenciones, llama a la policía (v. *Merodeadores,* pág. 132).

Animales de compañía

Antes de aceptar un trabajo, te interesa averiguar si en la casa hay animales domésticos y qué atenciones necesitan. Los gatos, pájaros, peces y reptiles suelen ser autosuficientes la mayor parte del tiempo. A los perros, en cambio, no puedes ignorarlos. Cuando no estés dispuesta a soportarlos, informa a los padres con tiempo para que los trasladen o aislen antes de tu llegada. Si aceptas ocuparte del animal (alimentarlo, sacarlo de paseo, etc.), es razonable, aunque quizá poco político, que cobres un suplemento. Depende de los trastornos que te ocasione. Obtén instrucciones relativas a sus necesidades. Procura hacerte amiga del perro antes de quedarte sola con él y con los niños porque, si de pronto decide que eres una intrusa, te pondría en difícil situación. Háblale con cariño, acarícialo y deja que te lama la mano. Cuando se te acerque, dale una golosina o unas palmaditas. Jamás perturbes el sueño ni la comida de un perro (v. *Mordeduras animales y humanas*, pág. 125).

Plantas

El cuidado de las plantas no es de tu incumbencia, a menos que trabajes un tiempo superior a 24 horas. En tal caso, pide instrucciones concretas al respecto de las plantas que necesitan riego, en qué cantidad y momento. Cuando se vuelque o rompa un tiesto, recoge la tierra y los fragmentos, pero preserva el vegetal intacto, con tanta tierra alrededor de sus raíces como sea posible. Deja que el dueño se encargue de replantarlo (v. *Desperfectos*, pág. 41).

El clima

Poco es lo que puedes hacer al respecto, pero si la temperatura varía bruscamente, toma las medidas necesarias: reajusta los mandos del aire acondicionado o los radiadores (v. pág. 38), cierra o abre las ventanas, etc. Cuando amenace lluvia, mete en la casa los juguetes y demás objetos que puedan estar a la intemperie, sin olvidar la ropa tendida. En caso de circunstancias meteorológicas muy adversas —lluvias torrenciales, granizo, nieve, vendavales—, prevé el posible retraso de los padres.

Cerraduras

Aprende a accionar todas las cerraduras y llaves de las puertas y ventanas, en especial los cerrojos de seguridad de la puerta exterior. Pide a los padres que te dejen un juego de llaves mientras estás en su casa. ¡Y no olvides llevártelas si sales!

Si alguna vez te encuentras en la situación de no poder entrar en casa, no te dejes invadir por el pánico. No es el fin del mundo. Es importantísimo que conserves la calma ante los niños y que reflexiones. Trata de pensar qué vecino puede tener un juego de llaves, dónde podría haber unas copias escondidas o cómo es posible entrar sin ellas. Ante la imposibilidad de entrar en la casa, telefonea a los padres desde el domicilio de un vecino o un teléfono público. Lo más probable es que el número de teléfono anotado haya quedado dentro con todo lo demás, pero si puedes recordar a qué dirección se dirigían, te será posible consultar el teléfono en una guía. Aunque falle este recurso, sigue sin ser el fin del mundo. Si hace una tarde agradable y esperas el pronto regreso de los padres, te queda la opción de jugar con los niños en la calle. Asimismo, puedes refugiarte en casa de un vecino o en la tuya propia. No olvides dejar una nota a los padres, para que sepan dónde estáis, y disponte a afrontar su enfado.

Luces

A lo mejor es de día cuando llegas al trabajo, pero se hará de noche antes de que regresen los padres. Pregunta si es costumbre encender alguna luz especial, como un farol a la entrada. Entérate de la localización exacta de los interruptores en cuartos de baño, pasillos, rincones, etc. Localiza bombillas de repuesto, velas, cerillas y una linterna.

Cuando se funda una bombilla y tengas a mano otra de repuesto, sustitúyela (apaga primero la luz). Si puedes prescindir de la luz, tampoco pasa nada porque dejes que se encarguen de reponerla los padres. Cuando se funda más de una bombilla o un aparato eléctrico —tal vez al accionar un interruptor—, significa que han «saltado» los plomos (v. *Aparatos eléctricos,* más adelante). *No intentes cambiar un fusible,* aunque sepas hacerlo. Desenchufa todos los aparatos que estén en la zona afectada. Si los padres van a estar fuera mucho tiempo y necesitas la luz, acude a un vecino. Cuando se apaguen todas las luces o se amortigüe su potencia, mira por la ventana para ver lo que ocurre en la calle. Probablemente se trate de una avería general (pág. 131).

Aparatos eléctricos

Antes de su partida, pide a los padres que te enseñen a manejar todos los aparatos eléctricos que vas a necesitar: radio, televisión, secador de pelo, tostador, etc. Los aparatos de televisión en color y los equipos de alta fidelidad son delicados y sensibles. A menos que los domines, prescinde de tocar los mandos y botones, como no sea para apagarlos y encenderlos.

Cuando un aparato no se ponga en marcha, comprueba ante todo que está enchufado y que los interruptores están encendidos. Para el caso de que se fundan los plomos, consulta la nota sobre *Luces* que precede. *No intentes reemplazar un fusible ni componer un aparato averiado,* aunque sepas hacerlo. Aguarda a que regresen los padres o solicita la ayuda de un vecino.

Mandos de temperatura

El aire acondicionado y los radiadores estarán en la posición que resulta más confortable a los ocupantes de la casa; pero el tiempo podría cambiar inopinadamente, así que pide instrucciones para manejar los mandos en caso de necesidad. No manosees aparatos cuyo funcionamiento desconoces, ni tampoco introduzcas cambios radicales de temperatura. Dentro de límites razonables, es mejor que te pongas o te quites la chaqueta y hagas otro tanto con los niños.

Tuberías

Tendemos a dar por supuesto que las tuberías funcionan siempre. Sin embargo, de vez en cuando se producen averías. Un grifo o una llave que gotea (siempre que no sea *a chorros*) puede esperar hasta la llegada de los padres que, de todas formas, estarán probablemente enterados.

En cambio, un cuarto de baño inundado obliga a tomar medidas inmediatas. Es posible que el pequeño Alejandro haya tenido la brillante idea de sumergir a su osito en el retrete. Ante todo, extiende en el suelo materiales absorbentes —toallas, la alfombra de baño, etc.— que retengan el agua. Esta medida reviste especial importancia cuando debajo hay otro piso, cuyo techo podría calar. Ten por seguro que los padres preferirán reponer la ropa estropeada antes que pagar una obra de emplastecido o pintura. A continuación, si localizas el objeto que ha provocado el atasco, debes extraerlo, aunque la tarea no resulte agradable. De lo contrario, utiliza un desatrancador de goma.

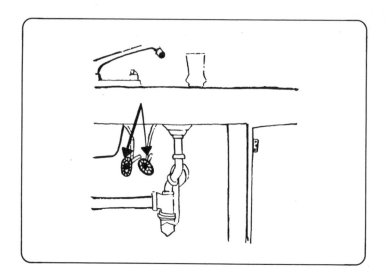

Apoya la ventosa sobre el desagüe de la taza. Empuja con fuerza varias veces y levanta después la ventosa, para aspirar el agua. Tal vez sea suficiente para resolver el problema. Si el atasco continúa, ruega al cielo para que, por lo menos, se detenga la inundación. Recoge el agua como mejor sepas. Si puedes prescindir del retrete, espera hasta que vuelvan los dueños de la casa para informarles. En caso contrario, llámales por teléfono para que te den instrucciones. Acaso deseen que avises a un fontanero.

Un verdadero desastre, por ejemplo, la rotura de una cañería con la consiguiente inundación del baño o la cocina, exige una intervención rápida. Corta el agua al instante. De poco te servirá accionar el grifo; localiza la llave de paso general, que habitualmente se encuentra debajo del fregadero. Si no la encuentras, avisa enseguida a un vecino. Una vez cortado el paso del agua, y por las razones mencionadas, hay que absorber el agua del suelo. Sólo entonces es el momento de telefonear a los padres. Se mostrarán agradecidos por tu rapidez de recursos, al margen del buen o mal humor con que encajen el frustrante fin de la velada.

Una inundación es sumamente peligrosa cuando el agua alcanza el nivel suficiente para entrar en contacto con los cables eléctricos, o cuando el suelo empieza a desplomarse (v. *Inundaciones*, pág. 132).

La limpieza

No eres el ama de casa ni la asistenta, así que no debes ocuparte demasiado de la limpieza, exceptuando, claro está, la de los niños y tu propia persona. Habrá ocasiones, sin embargo, en que puedas o debas hacer algo más.

Trabajos especiales

Es perfectamente lícito que uno de los padres te *pida* que realices un trabajo ligero, como lavar los platos, pasar el aspirador, planchar, etc. Accede a ello *sólo* cuando de verdad lo quieras *y* te paguen un suplemento. Por otro lado, nunca permitas que las faenas domésticas te distraigan de tu cometido principal, la asistencia de los niños. Su seguridad y bienestar son prioritarios en todo momento. Si el niño que estás cuidando es de corta edad (menos de dos años), espera a que esté dormido para dedicarte a las labores de limpieza. Si es mayorcito y le gusta ayudar, puedes convertir el trabajo en un proyecto común. Es éste un tipo de «juego» muy provechoso, porque fomenta en el pequeño una actitud sana hacia el trabajo. Ahora bien, no debes esperar demasiado de su colaboración, y tendrás que supervisarlo de cerca.

Desperfectos

Inevitablemente, a lo largo de tu carrera, se producirán roturas y desperfectos. Como primera medida, coge en brazos al bebé y ponlo a salvo, en su parque o sillita. Recoge entonces los pedazos rotos. Si se trata de un aparato eléctrico, desenchúfalo primero *con mucho cuidado*. Si el niño tiene edad y ganas de ser útil, y tanto más cuando ha sido el responsable de la catástrofe, pídele que vaya a buscar el recogedor o el cubo de la basura. No le permitas tocar cables eléctricos ni cristales o plásticos rotos. Tanto él como tú debéis calzaros. Si crees que el objeto roto era valioso (¿quién sabe?), guarda los pedazos en una bolsa por si es posible recomponerlo. Pasa el aspirador o la escoba a conciencia. No está de más que frotes la zona con una servilleta de papel húmeda, para recoger cristalitos o cualquier otro resto peligroso. Informa *siempre* de la rotura a los padres, por mucho que temas su reacción.

Desorden

Resígnate. Los niños (¡y a veces también las niñeras!) son desordenados por naturaleza. No los censures ni te impacientes. Cuando tengan edad suficiente, solicita su ayuda para recoger, sobre todo si son responsables del desorden. No esperes demasiado de ellos.

Alimentos

Algunos niños, especialmente cuando están aprendiendo a comer solos, derraman algo de cada cucharada que se llevan a la boca, por lo que conviene darles la comida en la cocina o en cualquier otro lugar que se limpie fácilmente. De todos modos, es muy probable que la sillita alta, la encimera, la mesa y el suelo acaben llenos de pringue.

Los alimentos sólidos son más fáciles de manejar. Recoge los residuos a mano o con una servilleta de papel y échalos al cubo de la basura. Frota todas las superficies sucias con una esponja o un trapo húmedo. Los líquidos deben absorberse primero con toallitas de papel o esponja. Acto seguido, con un trapo o una fregona empapada en una solución rebajada de detergente y agua, friega las zonas sucias. Acláralas con agua. Ten especial cuidado cuando se viertan leche o zumos, porque cualquier gota que dejes generará nuevas manchas cuando se pise. La leche agriada huele muy mal, y los zumos son espantosamente pegajosos.

Si se vierten alimentos sobre la alfombra o los muebles, recógelos primero con ayuda de una servilleta de papel o esponja. Lava concienzudamente las manchas de fruta con abundante agua, para evitar decoloraciones, y hazlo cuanto antes. Trata las demás manchas con una solución rebajada de detergente y agua, que aclararás después con agua sola.

Chicle

Cualquier chaval que se inicia en los placeres de mascar chicle no tardará en sacárselo de la boca para examinarlo atentamente. En lo que se dice un santiamén, el chicle estará por todas partes. Despréndelo de las ropas, la alfombra y la tapicería rascando con las uñas. Humedece entonces un paño con cualquier limpiador doméstico en forma líquida y frota los residuos que queden. Cuando se ablanden, insiste con las uñas. (Jamás apliques un producto de limpieza líquido a los muebles barnizados, pues sólo conseguirías levantar el barniz.) Si no puedes desprenderlo todo (¡eso te enseñará a vigilar las mandíbulas del pequeño!), muestra a los padres las zonas afectadas para que prosigan con el proceso de limpieza.

Orina

En ocasiones fluye del pañal o mancha la tapa del retrete. A veces, también los animales de compañía tienen descuidos. Cuando sólo se hayan mojado las ropas o las sábanas, déjalas apartadas para lavar. Cuando la orina manche el suelo, límpiala con servilletas de papel y pasa después la fregona mojada en agua. Absorbe las manchas de la alfombra y la tapicería con una esponja o servilleta de papel. A continuación, frota bien toda la zona con un paño empapado en agua. Enseña a los padres «el lugar del delito», para que completen la limpieza en caso necesario. (Hay veces en que las alfombras, moquetas y tapicería necesitan un tratamiento especial para prevenir decoloraciones permanentes.)

Heces

Cabe la posibilidad de que un niño (o un animal de compañía) encomendado a tu cuidado padezca diarrea o, simplemente, se descuide (v. *Control de esfínteres,* pág. 89). Para empezar, recoge las deposiciones con papel de periódico, higiénico o similar, que arrojarás después a la taza del retrete o al cubo de la basura (cierra bien la bolsa). Cuando se hayan manchado ropas o sábanas, enjuágalas bajo el chorro de agua caliente y apártalas para lavar. Limpia el suelo y los muebles con una fregona o esponja empapada en una solución rebajada de detergente y agua. Aclara con agua sola. Si lo crees oportuno, ventila la habitación o utiliza un perfumador ambiental.

Babas/vómitos

Siempre que cuides a un bebé menor de seis meses, estarás expuesta a que te manche de babas o vómitos, lo que representa una de las razones por las que no debes vestir tus mejores ropas cuando trabajes. Incluso los niños mayores de dicha edad vomitan con cierta frecuencia; sus sensibles estómagos actúan como mecanismos de seguridad, expulsando toda sustancia indigerible. Cuando se trate de pequeñas cantidades, bastará con aplicar una esponja empapada en una solución de bicarbonato (aprox. una cucharadita en una taza de agua). Procura que el bicarbonato se disuelva perfectamente. De este modo, eliminarás el olor además de la sustancia vertida. Si el niño es propenso a babear, te resultará más cómodo conservar a mano una esponja empapada en la solución, guardada en una bolsa de plástico.

Cuando la cantidad derramada sea mayor, lo que puede ocurrir si el niño sufre una repentina indigestión, tendrás que limpiar primero los residuos sólidos. Enjuaga las ropas y sábanas bajo el chorro de agua fría, y aplícales después una solución de bicarbonato de sosa o de amoniaco en agua (aprox. una cucharada sopera de amoniaco o bicarbonato en un litro de agua). Ya lavarán la ropa, en su momento, los dueños de la casa. Si el vómito se derrama en el suelo o los muebles, recógelo entre dos cuartillas o cartulinas. En su defecto, límpialo con servilletas o papel higiénico. Arrójalo al retrete o al cubo de la basura, pero cierra bien la bolsa. Seguidamente, usa una fregona o esponja para fregar bien la zona manchada con una solución de bicarbonato o amoniaco en agua. Aclara con agua limpia. Ventila la habitación o utiliza un perfumador ambiental.

Ahora ya sabes cómo ocuparte de la casa. Pasemos a tu verdadero cometido, que es el cuidado de los niños.

3. El desarrollo infantil

Para llevarte bien con cualquier niño, tendrás que poner en juego tu paciencia, amabilidad y sentido del humor. Pero también te será útil saber *porqué* el niño se comporta como lo hace. En las páginas que siguen encontrarás una exposición general del desarrollo infantil. Si bien las «fases» o «estadios» suelen coincidir con determinado grupo de edad, su evolución varía con cada niño. La edad cronológica no significa gran cosa. Los períodos de desarrollo —físico, social y emocional— se solapan unos con otros. Lee este capítulo, pero no dejes de consultar con los padres del niño, quienes conocen mejor que nadie los rasgos de su personalidad. Y por encima de todo, sigue las pautas que el propio niño te marque.

Cuando conozcas a un niño, cualquiera que sea su edad, no lo abrumes de buenas a primeras con achuchones y zalamerías. Muéstrate afable, pero no te empeñes en tocarlo. Deja que él guarde las distancias hasta que tome confianza. Si actúas con naturalidad, si lo atraes paulatinamente con preguntas acerca de sus gustos, su casa y sus posesiones y, sobre todo, si le ofreces un pequeño regalo (aunque sea una minucia), despertarás invariablemente su simpatía. En este punto, una leve caricia le demostrará que él también te gusta a ti. Todos los niños necesitan del contacto físico. A poco expresivo que sea, llegará un momento en que te recibirá con ostentosos abrazos.

Para ganarte el corazón de un niño, el mejor camino es el que pasa por el afecto y la alegre complicidad. Si él sabe que puede contar con tu colaboración y ecuanimidad, te perdonará cualquier error, ¡hasta que confundas su manta-fetiche con otra!

Los cuidados solícitos inspiran confianza al niño. Para complementar las normas de seguridad que aparecen en este capítu-

46   Baby-Sitter/Cuidadora de Niños

lo, consulta los apartados pertinentes en *El entorno doméstico, la hora de las comidas* y *El momento del baño.*

EL NIÑO DE PECHO

Desarrollo general

El recién nacido es una cosita pequeña y frágil. Por término medio, al nacer sólo mide 50 cm y pesa entre 2,7 y 4 kgs. Su aparato digestivo, todavía inmaduro, es sumamente delicado. Como su vista y oído todavía no están desarrollados, tan sólo percibe imágenes y sonidos vagos, amortiguados. Como sus músculos son débiles y faltos de coordinación, es preciso sostenerle la espalda y la cabeza. Sus huesos son blandos, y hay que proteger frente a cualquier golpe una peligrosa zona situada en la parte superior de su cabeza (la llamada fontanela). Como su cuerpo se enfría y se calienta rápidamente, es necesario regular su temperatura interna con ropas y cobertores. Pero no está tan indefenso como parece. Tiene a su favor un buen par de pulmones y una boca capaz de abrirse como un buzón. Y el sonido que sale de esa boca es la señal para que todos los adultos se precipiten en su socorro.

Durante los dos primeros meses de vida, el bebé se pasa casi todo el tiempo durmiendo. Se despierta a intervalos regulares para comer, eructar y en demanda de un cambio de pañales. Satisfechas sus necesidades, vuelve a dormirse. Es relativamente fácil atenderlo, siempre que se le mantenga alimentado, sin gases, seco y abrigado.

A la «madura» edad de tres o cuatro meses, el niño ha ganado unos cuantos kilos y ofrece un aspecto más rollizo. Mantiene erguida la cabeza sin ayuda. Aunque todavía hay que ayudarle a eructar, muchos de sus problemas digestivos han desaparecido y, con ellos, también buena parte de su irritabilidad. Sus sentidos de la vista y el oído están lo bastante desarrollados como para que empiece a explorar el mundo. Muchos niños de esta edad intercambian ya sonrisas con otras personas.

Entre los cuatro y los seis meses se acelera el perfeccionamiento de la coordinación muscular. Acostado boca abajo, es capaz de levantar la cabeza y el tórax. Empieza a distinguir dónde termina su cuerpo y empieza el resto del mundo (una de las razones por las que juega con sus dedos y los succiona).

A los seis meses puede permanecer sentado con un cómodo respaldo. Comienza a coger objetos para llevárselos a la boca, actividad de exploración que, perfeccionándose, continúa durante un año o dos. Entre los seis y los siete meses, el niño aprende a darse la vuelta solo; entre los seis y los ocho, es capaz de sentarse solo un breve tiempo sin cansarse. Entonces empieza a desplazarse, primero a rastras y luego a gatas. Poco después, hace sus primeros intentos de ponerse en pie. Es posible que dé algunos pasos sin ayuda antes de cumplir el año.

Paralelamente a este vertiginoso desarrollo físico (al cumplir el primer año de vida, la mayoría de los niños han triplicado el peso que tenían al nacer), se produce el despertar social. El recién nacido no distingue una persona de otra. En breve, sin embargo, se acostumbra a la voz, los pasos y los gestos de la persona que le prodiga cuidados durante más tiempo, que generalmente es la madre. Cuando falta esta persona y otra ocupa su lugar, el pequeño puede extrañarla. Pero si la sustituta actúa con naturalidad y confianza, y sabe atender a sus necesidades, no tarda en tranquilizarse.

A los tres o cuatro meses de edad, la personalidad del niño, hasta entonces latente, empieza a asomar. Los niños de brazos, como los creciditos y los adultos, varían muchísimo en su forma de relacionarse. Algunos son vocalmente expresivos, abiertos y activos; otros son observadores más reservados. Pero todos ellos necesitan —y merecen— que se les preste una enorme atención. Esto no tiene nada que ver con «mimar» al niño. Cuanto más cariño y solícitos cuidados se le prodiguen, mejor que mejor. No por ello tienes que estar todo el tiempo encima, manoseándolo y arrullándolo. Tales excesos sólo conseguirían hartaros a los dos. Basta con que te ocupes de atender sus necesidades en cuanto se manifiesten.

También hacia los tres o cuatro meses, con el progreso de su visión, el bebé empieza a interesarse por los rostros, aunque todavía no reconoce a las personas. Cuando falten sus padres estará más «inquieto» de lo habitual, pero a condición de no sufrir molestias físicas, aceptará pronto cualquier rostro amigable. En cambio, hacia los cinco o seis meses empieza a demostrar una clara preferencia por los rostros *familiares*. Como a esta edad identifica a sus padres con las personas que más amorosa y solícitamente lo atienden, siente querencia por ellos y los echa de menos cuando no están. En torno a los ocho o diez meses de edad, vuelve la cara ante un extraño, pudiendo incluso irrumpir en llanto. De ahí la conveniencia de que se haya familiarizado con la niñera previamente. Antes o después, y tranquilizado por sus buenas experiencias con la gente, el pequeño recuperará la confianza, pero todavía han de transcurrir varios meses en los que se mostrará receloso ante extraños.

Por esta época, puede infundirle temor la idea de perder a sus padres, sobre todo a la madre cuando es ésta la que más se ha ocupado de él. Se abandona al pánico en cuanto ella sale de la habitación. Los psicólogos llaman a esta etapa del desarrollo «fase de separación». El pequeño ha comprendido que es una entidad separada de su madre, pero se siente indefenso sin ella, lo cual le provoca ansiedad. Todavía no ha entendido que, aunque su madre salga de vez en cuando, regresará siempre. Los padres sensatos procuran que el hijo aprenda esta realidad poco a poco; se van ausentando, al principio solo unos minutos y después un tiempo cada vez mayor, para regresar cuando lo habían prometido. Conforme el niño se va sintiendo más y más seguro, pueden prolongarse las ausencias.

La angustia de la separación es algo que todos experimentamos alguna vez en nuestro proceso de hacernos adultos y seres independientes. La medida en que somos capaces de afrontarla depende, en grado considerable, de cómo se nos haya enseñado a hacerlo de niños, desde muy tierna edad. Como niñera que eres, puedes ayudar al pequeño a superar esta primera separación haciendo que el período de ausencia parental le resulte lo más grato posible, y asegurándole con frecuencia que los padres volverán: «Mamá (o papá, o ambos) vuelve siempre contigo». A través de ti, aprenderá a confiar en otras personas además de sus padres, lo que constituye un hito decisivo en el camino hacia su independencia.

El llanto

Todos los niños lloran o «lloriquean», algunos más que otros, pero sobre todo mientras son recién nacidos. La mayoría de los motivos de su llanto nada tienen que ver con tus actos, así que no te tomes el asunto como algo personal. Ante un niño llorón, lo más importante es conservar la calma. No es fácil con el ruido que arman, pero el pequeño no dejará de captar cualquier reacción de pánico o de fastidio por tu parte, lo que acrecentaría aún más su llanto.

Para empezar, descarta todas las posibilidades de incomodidad física. Para ayudarte, repasa sistemáticamente la lista que sigue.

Hambre

Los niños de pecho toleran muy mal la sensación de hambre, cuyas punzadas les hacen llorar. Es un mecanismo de supervivencia. Si no llorasen, no advertiríamos que están hambrientos y, probablemente, no los alimentaríamos con la frecuencia necesario. ¡Y no sobrevivirían! Cuanto más pequeño es el niño, mayor es su urgencia, así que debes prepararte de antemano para alimentarlo (v. *La hora de las comidas,* pág. 67). No está bien que le hagas esperar mientras reflexionas sobre lo que debes darle y en qué cantidad.

Sed

No es probable que el bebé esté sediento inmediatamente después de comer. En cambio, prueba a darle un poquito de agua o zumo de frutas (siguiendo las instrucciones de los padres) en otros momentos, sobre todo cuando hace calor.

Sueño

Los recién nacidos se quedan dormidos en cualquier momento y lugar. Pero a la edad en que el niño empieza a explorar el mundo exterior, tal vez se resista a dormirse por miedo a perderse algo interesante. Por la palidez del rostro, los bostezos y la forma en que se frota los ojos, notarás cuándo necesita un sueñecito. Con suavidad, pero con firmeza, llévalo a la cama.

Gases

Es más probable que los gases representen un problema en el niño de muy corta edad. Cógelo en brazos y, sujetándolo en una de las posiciones para eructar (v. ilustración de la pág. 51), dale suaves golpecitos o fricciones en la espalda. Los gases pueden estar provocados por burbujas de aire introducidas con la última toma, o bien anunciar un movimiento intestinal. Hay niños que se vuelven muy irritables por culpa de los gases antes de una deposición.

Cólicos

El cólico es un dolor agudo de vientre que está relacionado con los gases. Los médicos no pueden explicar porqué algunos bebés sufren cólicos, pero creen que es un fenómeno hereditario, que tiene su causa en la inmadurez del aparato digestivo. No tiene nada que ver con la salud general del niño y, por lo regular, desaparece hacia los tres o cuatro meses de edad.

Los síntomas son inconfundibles. Poco después de una toma y, en general, a una hora determinada —sobre todo por la noche—, el pequeño rompe a llorar bruscamente, o más bien a *berrear*. Tensa o encoge las piernas, y la tripita se le pone dura e hinchada. Es capaz de llorar sin interrrupción durante tres o cuatro horas, enervando e inspirando lástima a cualquiera. A lo mejor alivias algo su dolor haciéndole eructar sobre tu hombro. A lo mejor logras distraerlo acunándolo, cantándole o paseando con él en brazos. Casi siempre, sin embargo, todo cuanto puedes hacer es conservar la calma y consolarlo hasta que, exhausto, se quede dormido.

Es raro que los padres te dejen al cuidado de un niño que sufre cólicos sin advertirte. Si la situación se presenta inespera-

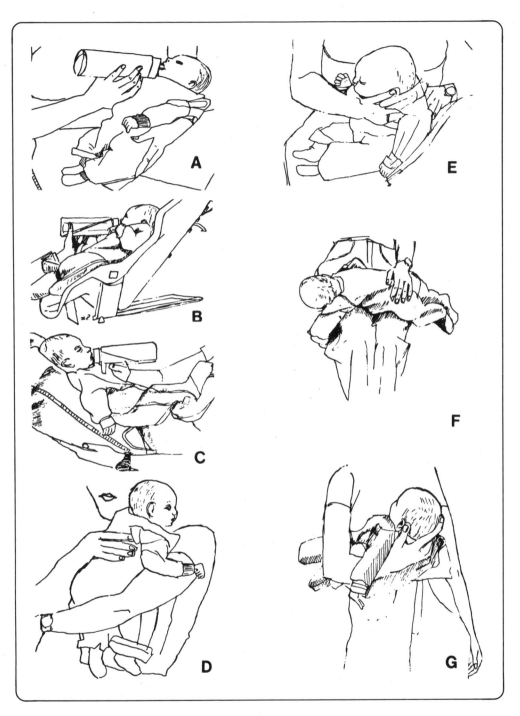

Modos de sujetar al bebé: *(a), (b), (c), posturas para darle el biberón; (d), (e) y (f), para ayudarle a eructar; (g), para subir y bajar escaleras sin peligro, o para cualquier otra ocasión en que necesites una mano libre.*

damente o no te sientes capaz de controlarla, telefonea sin falta a los padres para que vuelvan a casa. A ellos les corresponde ocuparse de su hijito en ese trance.

Pañales sucios

Algunos nenes toleran tranquilamente un pañal sucio, mientras que a otros les resulta insoportable la humedad. Depende de la costumbre que tengan, y de que su piel esté o no esté irritada. Por el olfato sabrás cuándo el niño ha hecho de vientre. La humedad de la orina la puedes palpar deslizando un dedo bajo el pañal. Sigue las indicaciones para el cambio de pañales (págs. 87-89) y para tratar la irritación de la piel (pág. 88-89).

Ropas incómodas: calor o frío

En líneas generales, un bebé necesita abrigarse con tanta ropa (sin olvidar la manta) como tú. Debe estar tapado por igual desde el cuello hasta los pies. El solo aspecto de su cara te indicará cuándo está debidamente abrigado. Si tiene calor, presentará un cutis sonrosado y quizá transpire un poco; si frío, estará relativamente pálido. Asimismo revelador es el tacto, pero no el de sus manos y pies, que están siempre fríos, sino el de su cuello. Desliza un dedo bajo su ropita. La temperatura del cuello es un buen indicador de la temperatura general del cuerpo.

Ropas incómodas: demasiado ceñidas o flojas

En ocasiones, para consolar a un niño muy pequeñito basta con envolverlo delicadamente en una manta o toquilla y sujetarlo contra tu cuerpo. Ten en cuenta que acaba de salir del útero materno, un refugio cálido y protector, y que lo echa de menos. Los niños un poco mayores necesitan, como todo el mundo, libertad de movimientos. Comprueba la tensión de los elásticos y las ataduras que puedan oprimir y cerciórate de que el niño tiene libertad para agitar los brazos, dar patadas y mover todo el cuerpo.

Postura incómoda

Algunos niños tienen preferencias muy definidas de postura, mientras duermen o están en brazos. En el caso de que los padres no te hayan asesorado a este respecto, el propio niño te marcará la pauta. Para sujetarlo en brazos, ensaya las distintas posturas que se ilustran en la página 51. Tanteando, entre él y tú, encontraréis las posturas más confortables para ambos. En cuanto al momento de dormir, las opciones son mucho más limitadas. La mayoría de los bebés prefieren yacer boca abajo, así que prueba esta forma primero.

Dentición

Aunque este proceso puede comenzar en cualquier momento durante el primer año de vida, el primer diente aparece por término medio a los seis o siete meses. Si bien ciertos niños no experimentan la menor molestia mientras echan los dientes, otros manifiestan síntomas como debilidad, pérdida del apetito, dolor de estómago, fiebre ligera, babeo abundante y encías inflamadas o sangrantes. ¡Pobres criaturas! Por lo regular, los padres te advertirán de lo que ocurre, dándote instrucciones al respecto. No administres al pequeño ninguna medicina sin haber recibido indicaciones específicas. Proporciónale, en cambio, objetos para morder, como juguetes y anillas de goma, y mejor si están fríos. Introdúcelos antes en el congelador del frigorífico.

Cuando ninguna de las circunstancias mencionadas es la causa del llanto, éste puede obedecer a otras razones, de orden psicológico.

Aburrimiento

Hasta la gente más menuda detesta la monotonía. Cuando el bebé haya permanecido acostado en el mismo lugar, sin cambiar de escenario, durante un cierto tiempo (15 minutos son ya demasiados a esta edad), introduce algún cambio. Juega con él (v. págs 104-107).

Exceso de estimulación

Por otra parte, puede ocurrir que haya tenido *demasiada* actividad, y esté cansado, lo que no significa que tenga sueño. Algunos niños de pecho poseen un bajo umbral de tolerancia para la excitación. Si ha permanecido un buen rato despierto y jugando, acaso necesite un respiro, en el que se le deje a sus anchas para contemplarse los dedos.

Irritabilidad

Igual que los adultos, los bebés tienen días malos y se irritan por ciertas cosas. Su irritabilidad es mayor cuando están echando los dientes, fatigados o incubando una enfermedad. Un niño sensible puede captar la tensión que se masca en la familia en un momento dado, y reaccionar con el llanto. Es asimismo frecuente que manifieste cierto período de irritabilidad cada día, en el que expresa su frustración por tener que adaptarse al mundo. Es la hora en que se pone mimoso o exigente. Lo único que puedes hacer entonces por él es brindarle tu cariño. Háblale con ternura. Cántale una nana. Ensaya unos pasos de baile con él en brazos. Ráscale suavemente la espalda. Terminará por relajarse.

Echar de menos a los padres

Constituye un problema cuando el pequeño empieza a distinguir a las personas, alrededor de los cinco o seis meses, de edad. Hay que darle tiempo para que aprenda a sentirse cómodo con otras personas, aparte sus padres. Entretanto, muéstrate amable y cariñosa en todo momento, para inspirarle confianza, y procura entretenerlo lo mejor que sepas, para hacerle olvidar su pena.

Si, a pesar de todos tus esfuerzos, el llanto prosigue sin que puedas averiguar su causa, telefonea a los padres. En cualquier caso, a su regreso debes informarles de cualquier acceso prolongado de llanto que se haya producido. Explícales además todo cuanto hiciste para consolar al bebé. Quizá sepa deducir porqué ha llorado (¡o todavía sigue llorando!) y te aconsejen sobre el modo de afrontar la situación en el futuro. No te desanimes. Conforme mejore tu experiencia con los niños en general, y con ese que estás cuidando en particular, sabrás desenvolverte ante un niño que llora sin perder los estribos.

Succión

Todos los niños de pecho necesitan succionar, algunos más que otros. Es uno de los pocos «instintos» con los que nacen. Además de serles imprescindible para mamar, es un hábito placentero y reconfortante, sobre todo cuando están cansados, inquietos, echando los dientes o incubando una enfermedad. Antiguamente se creía que la costumbre de chuparse el pulgar o usar chupete era causa de que los incisivos creciesen hacia afuera; de modo que, para impedir el hábito, se privaba a los niños del chupete, se les vendaba el pulgar o se les untaba con sustancias de mal sabor. Hoy sabemos que, como mínimo hasta los cinco o seis años, el hábito de succionar no surte efecto sobre la dentadura. Su impedimento es causa de tensión para el niño e incluso lo afianza más en su deseo. Cuando el pequeño manifiesta deseos de succionar, significa que está pasando un momento difícil. Y ciertamente, no debes negarle el chupete ni retirarle el pulgar de la boca.

Sustos

Los ruidos bruscos y los movimientos en falso asustan a los niños de pecho. Hasta un recién nacido de días se sobresalta o da un respingo cuando, por ejemplo, estalla un globo cerca de él o se vence repentinamente el respaldo que lo sujetaba. Tienes que protegerlo frente a este tipo de incidentes, y consolarlo si alguna vez ocurren.

Seguridad

Un niño pequeño que todavía no tiene movilidad exige prioritariamente protección frente a posibles caídas de la cuna, la mesa de muda o cualquier otra superficie sobre la que se encuentre. Antes de que te des cuenta, podría darse de bruces contra el suelo. Has de tener siempre los ojos y una mano puestos en él. Los únicos lugares seguros para dejarlo solo son la cuna, el cochecito, el parque y ocasionalmente el suelo, a condición de que esté limpio y libre de obstáculos peligrosos.

En cuanto el bebé empiece a explorar con la boca y las manos, vigila que todos los objetos de juego sean lo bastante grandes para que no se los trague, irrompibles y desprovistos de puntas o bordes cortantes. De manera especial, presta atención a los alfileres, botones, canicas, tijeras y demás objetos problemáticos que merodean por cualquier casa. Mantenlo alejado de las bolsas de plástico, cuerdas de todo tipo y almohadas de plumas. Jamás bebas líquidos calientes ni fumes mientras estás en contacto con él.

Inconscientemente, un hermano mayor podría hacer daño al bebé tratando de cogerlo, dándole un producto comestible, etc. Nunca dejes sola a la pareja.

Cuando el pequeño empieza a deslizarse sobre el vientre y a gatear, los peligros se multiplican. Mantenlo a salvo de escaleras, aparatos eléctricos, enchufes, esquinas del mobiliario y cualesquiera objetos rompibles que los padres no hayan retirado antes. La cocina y el baño son zonas que entrañan un elevado riesgo de quemaduras, estrangulamientos, intoxicaciones y asfixias por ahogo.

EL NIÑO QUE EMPIEZA A ANDAR

Desarrollo general

Cuando el niño da sus primeros e indecisos pasos, el mundo deja de ser el mismo para él. Ya no es un observador pasivo, sino un explorador activo en lo que a sus ojos constituye un territorio totalmente virgen, por descubrir. A lo largo de los dos años siguientes, se entregará por entero a la fascinante empresa de descubrir el funcionamiento de todas las cosas, incluido él mismo. Casi siempre, actuará por tanteo y error.

Si, por ejemplo, al pasar por la cocina se le ocurre tirar del mantel, no calcula que todo lo que contiene caerá con gran estrépito. Por mucho que intentes explicárselo, no lo entenderá o, por lo menos, no discernirá la bondad o maldad del resultado. Sólo lo comprenderá cuando la cosa ya no tenga remedio, pero ni siquiera entonces existe garantía de que no vuelva a intentarlo.

Ocuparse de un niño que empieza a andar equivale a estar sobre ascuas. Espoleado por una curiosidad sin límite, conforme se desarrolla su coordinación motora se vuelve más y más osado: primero da unos tímidos pasos, pero enseguida camina con pie firme, aferra con precisión, trepa, corre y salta. Al mismo tiempo, está aprendiendo a hablar, al principio con palabras de dos sílabas, más tarde con frases de dos y tres palabras. Nunca se está quieto ni callado... y si lo está, ¡échate a temblar!

Paralelamente, el pequeño va descubriendo su individualidad y formándose opiniones sobre su propia persona y el puesto que ocupa en el mundo. Está aprendiendo sus capacidades y limitaciones. Intenta adaptarse a lo que se le ha enseñado es una conducta «civilizada», aprendiendo a comer solo y, por fin, a controlar sus esfínteres.

La separación

El chiquillo sigue tomando conciencia de su individualidad, de que es un ser separado de sus padres, proceso que dio comienzo cuando era un niño de brazos. Tiene que aprender que, a veces, sus padres se marchan, pero que siempre regresan a su lado; y que, entretanto, alguien más se ocupa de él, de su bienestar y alegría. Si sus experiencias de separación han sido buenas —si sus padres y otros adultos le han brindado ayuda y comprensión—, empieza a aceptar las caras nuevas con más confianza.

Sin embargo, le sigue inspirando temor la idea de quedarse solo con una niñera desconocida. Comprensiblemente, sus peores momentos coinciden con tu llegada y la marcha de los padres. Aunque entienda ya que van a regresar, le entristece separarse de ellos. Puede incluso llorar lastimeramente.

En primer lugar, le ayudará a superar el trance estar advertido de lo que va a ocurrir. No conviene decírselo con demasiada antelación, pues entonces se preocuparía en exceso, pero un poco antes de tu llegada los padres deberían explicarle: «Quique, dentro de un rato papá y mamá van a salir; Bea vendrá a cuidarte». Estas palabras deben pronunciarse con tono alegre, quitándole importancia, sin ningún dramatismo. También le ayudará el haber vivido ese día un buen rato «de tú a tú» con uno de sus padres, preferiblemente con aquel al que más va a extrañar. No está en tus manos controlar estos aspectos de la relación entre padres e hijo. Ahora bien, si la actitud del niño al marcharse sus padres te ha hecho sudar tinta, la próxima ocasión puedes hablar con ellos y hacerles sugerencias.

Por supuesto, la separación es más fácil cuando tú y el niño os conocéis bien. De no ser así, intenta romper el hielo antes de que llegue el momento de estrenarte en el trabajo. Si, por ejemplo, te encuentras con el niño y sus padres en la calle, aprovecha la ocasión para saludar al pequeño. Si te es posible, déjate caer por su casa de vez en cuando. Cuanto más frecuentemente te vea, aunque sólo sea un par de minutos cada vez, más dispuesto estará a aceptarte en tu primer día de trabajo. En el caso de que vivas demasiado lejos para concertar estos breves encuentros, propón a los padres que, al principio, te dejen sola con el niño poco tiempo, quizá el suficiente para dar un paseo o tomar un refresco con una vecina; poco a poco, a medida que el chiquillo se sienta confiado, podrán prolongar sus ausencias.

Incluso en las mejores circunstancias, sin embargo, algunos niños te recibirán siempre con recelo e intentarán refugiarse en los brazos de sus padres. Con ello no pretenden herir tus sentimientos, aunque muchas veces lo consigan. Si eres capaz de conservar la calma y la seguridad en ti misma, facilitarás las cosas a todo el mundo. Pide a los padres que se queden un momento, no lo bastante prolongado para que Quique crea haber ganado la batalla o sospeche que *ellos* temen marcharse, pero sí lo suficiente para que se tranquilice en tu presencia. Con suerte, será cuestión de minutos; de lo contrario, los padres tendrán que salir dejando a su hijo descontento. Cuando llegue el momento, deberán despedirse y cerrar tras ellos la puerta con resolución. Si se resisten a marchar, anímales con dulzura, explicando que sólo empeorarían las cosas. El niño se calmará antes cuando esté absorbido en una actividad de su agrado, especialmente si la ha compartido ya contigo. Alcánzale su juguete favorito o entrégale una sorpresa que hayas llevado para él. Procura hacer un ritual de aquello que lo reconforta mejor. Puede que al principio no resulte fácil y tengas que dedicar mucho tiempo a calmarlo y distraerlo, pero al final lo conseguirás.

Dependencia e independencia

Un niño que empieza a andar es todavía inexperto. Necesita muchísima ayuda, y lo sabe, pero intenta con todas sus fuerzas hacerse mayor, aprender cosas por sí mismo, ser dueño de su persona. En ocasiones no tiene muy claro si desea ser dependiente o independiente, recibir ayuda o componérselas solo. La persona que lo atiende tampoco tiene muy claro este asunto. Un día, sólo se siente satisfecho cuando le eliges los juguetes y le organizas el juego. Al día siguiente, lo único que desea es tenerte a la vista mientras se ocupa de mil fruslerías.

Cuando se siente dependiente, tiende a colgarse de tus faldas, gimotear por cualquier cosa y asustarse de todo. Cuando, por el contrario, se siente independiente, puede salirte respondón. Se deleita en un nuevo poder y lo ejerce llevándote la contraria a cada paso. Tiene un constante «no» en los labios, aunque de verdad no lo sienta. Cuando logra equilibrar estas dos tendencias, es el éxtasis. Se entrega alegremente a sus ocupaciones con ánimo y confianza, aceptando ayuda cuando sabe que la necesita. Pero en mucho otros momentos, tendrás que poner en juego todos tus recursos y tu paciencia para tratar con él.

La regla de oro consiste en dejarle, en la medida de lo posible, que haga o intente hacer las cosas por sí solo. Espera pacientemente, sin ofrecerle ayuda ni consejos hasta que te lo pida. Estimula sus esfuerzos, encomia sus triunfos al jugar, comer, bañarse, vestirse, etc. Como es lógico, no puede hacerlo todo solo —ni posee la destreza necesaria, ni tú dispones de tiempo—, pero sabrás convencerlo con tacto.

En el trato con niños, el tacto tiene mucho que ver con la previsión. Organiza las actividades con tiempo, sin prisas. Supongamos que tenéis que estar a las seis de la tarde en el parque, que se encuentra a una distancia de cinco minutos a paso normal, para disfrutar una hora al aire libre antes de que anochezca. Comienza los preparativos para salir a las cinco y media. Concédele tiempo para terminar lo que tiene entre manos. Deja que intente ponerse el abrigo solo o, por lo menos, que termine de hacerlo o se suba la cremallera. Que decida él mismo qué juguete se va a llevar. Que camine, si lo desea, empujando la sillita, o que se desvíe a trechos para recoger hojas secas, examinar el buzón de correos, etc. Llegaréis finalmente a vuestro destino, ¡incluso antes de las seis!

Otra parte del tacto en el trato se relaciona con la actitud que expreses. Quizá no es imprescindible que seáis tan puntuales. Después de todo, durante el paseo gozáis también del aire libre y, ese día, tal vez de forma más provechosa. Recuerda que, basándose en las actitudes de los seres que le rodean, el niño modela las suyas propias. Necesita sentir que puede hacerse valer, que su opinión también cuenta. Necesita saber que tú lo consideras una persona capaz. Es positivo que intente cosas difíciles, que fracase y lo intente de nuevo.

Si le concedes independencia cuando la desea, accederá a ser dependiente cuando lo necesita. Por ejemplo, puede calzarse el zapato, pero necesita que tú se lo ates. Si sabe que cuenta contigo para gozar de ciertas libertades, será más propenso a obedecer en otros casos. Y el día que debáis estar puntualmente a las seis en el parque para encontraros con su madre, de buena gana se subirá a la silla para que lo empujes.

Rabietas

La vida está llena de frustraciones, y el niño de esta edad las vive profundamente. Por considerada que seas con sus sentimientos y deseos, llegará un momento en que deberás exigir su obediencia inmediata por razones de fuerza mayor. Supón que habéis estado en la calle un par de horas, está oscureciendo, la temperatura desciende y tenéis que entrar en casa para calentaros y preparar su cena. Le has avisado varias veces, procurando persuadirlo con promesas de una cena apetitosa y más juegos en casa. Se niega rotundamente. Si es imperativo, cógelo en brazos y llévalo hasta casa desoyendo su llanto. No te gustará hacerlo, pero piensa que es solo un niño, ignorante de lo que le conviene. Ha llegado el momento de que *tú* impongas tu voluntad.

¿Cómo reaccionar ante una rabieta descomunal? Más de un padre competente se ha derretido ante la visión de su hijito pataleando en el suelo con el rostro amoratado. Tú cuentas con la ventaja de la objetividad. No es tu propia sangre la que hierve de ira sobre el piso. Y, en definitiva, no es asunto tuyo la formación de su carácter. Se trata de un problema práctico e inmediato, que puedes afrontar con calma y reflexión. Lo mejor es acostarlo bien arropado en su cama, con su osito o su manta-fetiche, y dejarlo solo un rato hasta que recupere el control. Hazle saber que estarás cerca y que ya le has perdonado para que, recuperada la compostura, pueda hacer un gesto de acercamiento. Propínale unas palmaditas, ofrécele una galleta, en fin, algo que palíe su humillación. Probablemente habrá olvidado el motivo de su rabieta, pero procura explicárselo en un lenguaje comprensible: «Ya sé que te gusta jugar en la calle. Y a mí también, pero es de noche, tenemos frío y hambre, y hay que volver a casa. Otro día volveremos a jugar fuera.»

Cuando un niño sufre demasiadas rabietas —un par de ellas cada vez que lo cuidas—, es indicio de que en su vida hay muchas frustraciones. Acaso padezca una enfermedad o fatiga crónica. Plantea el asunto a los padres.

La exploración

La curiosidad del niño que empieza a andar es su motor. Le impulsa a conocer el mundo de la medida en que sus sentidos pueden asimilar. Cogerá cualquier objeto que encuentre

—desde el juguete educativo más brillantemente concebido hasta la colilla del cenicero— con el fin de olerlo, saborearlo, sopesarlo con los dedos, manipular todas las partes móviles, agitarlo, aporrearlo y, por fin, arrojarlo al suelo o dejarlo a un lado. No es destructivo (normalmente), sino concienzudo en su investigación.

Es asimismo propenso a distraerse, lo cual tiene ventajas e inconvenientes. Ventajas, cuando necesitas que deje de hacer algo, como juguetear con los fuegos de la cocina. Basta que le ofrezcas otro objeto igualmente atractivo, pero inocuo, como unas cucharas o recipientes de plástico, para que permanezca tranquilamente sentado mientras cocinas. Inconvenientes, cuando necesitas que haga algo rápidamente. Es superior a sus fuerzas. En primer lugar, no es lo bastante hábil, pero aunque lo fuese, se saldría por la tangente una y otra vez, en lugar de seguir la línea recta. De camino hacia el baño, y no importa cuánto le guste bañarse, se detendrá para recoger un muñeco de goma y mordisquearlo contemplativamente unos momentos. Entonces localizará el tambor y, tras desechar el muñeco, dará rienda suelta a su sentido musical. Y así sucesivamente. Tarda muchísimo en llegar a su meta. Aunque te parezca que pierde el tiempo, debes dejarlo a su aire en la medida de lo posible, pues actúa movido por su inagotable impulso de exploración.

Este aspecto de la naturaleza infantil te resultará más llevadero cuando te pongas a su altura, explorando con él. Tómate el tiempo de mostrarle un caracol en la hierba o la blanca estela de un avión. De este modo le ayudarás a aprender, acrecentando el cariño que te profesa.

La agresividad

En esta fase de su vida el niño se inicia, entre otras muchas cosas, en el trato con otros niños. Aunque todavía no es capaz de colaborar en el juego con otros chiquillos, se interesa por observarlos o por jugar a su lado. Dependiendo de su agresividad, puede propinar un empujón a su compañero, o quitarle un juguete; no lo hace con malicia, sino en su afán experimetal. Y si no es agresivo, entonces debes protegerlo de quienes sí lo son.

A los niños de esta edad, e incluso a los que son mayores, les resulta imposible compartir, ya se trate de juguetes, comida, personas o espacio. Es algo natural, por lo que no se les debe reprender. Sin embargo, tampoco puedes permitir que se hagan daño. Media entre las partes de la riña y restituye las propiedades a sus verdaderos dueños. Si alguno se muestra inconsolablemente herido (los juguetes del otro siempre parecen mejores), apártalo a un lado, consuélalo y ofrécele algo comparable a lo de su rival.

La víctima más frecuente de la agresión es el hermanito o la hermanita menor. Dependiendo de su carácter y de la forma en que los padres lleven el asunto, el hermano mayor puede sentirse profundamente celoso. Además de los daños inintencionados que inflija al indefenso bebé, pon atención a los falsos besos y abrazos que ocultan una carga agresiva. Jamás dejes sola a la explosiva pareja.

Evitarás buena parte de la hostilidad procurando no marginar al mayor cuando te ocupes del pequeño. Como es lógico, exige mucha atención mientras lo bañas, lo mudas, le das de comer, etc. Intenta que su hermano participe en estas actividades. Cuando entregues un juguete al bebé o le des la comida, haz otro tanto con su hermano. Cuando cojas al pequeño en brazos, dile al mayor que se siente a tu lado para leer un cuento. Apela a sus mejores sentimientos solicitando su ayuda para atender al hermanito en la medida de sus capacidades. Siempre estará dispuesto a buscar el sonajero, traerte un pañal, empujar el cochecito hasta el parque o cantar una nana contigo.

La disciplina

Igual que el niño de cualquier otra edad, el que empieza a andar tiene que entender que no estás dispuesta a tolerar por su parte ningún comportamiento inaceptable. Como posee muy pocos impulsos mezquinos (salvo que tenga un hermano menor del que le gustaría deshacerse), sus actos inaceptables se reducen casi siempre a los que son arriesgados; y no puedes permitir que se haga daño o hiera a otra persona. Tiene que entender que, no importa cuántas veces pretenda encaramarse a la ventana, estarás ahí para bajarlo y decirle: «Con las ventanas no se juega». Aunque no se percate del peligro, será consciente de tu oposición. Permítele, en cambio que observe la calle, si ése es su deseo, mientras lo sujetas con tus brazos o le das la merienda en una sillita alta. Pero si lo que pretende es tan sólo enredar, aléjalo de la ventana y distráelo con algún juego. Por más que persevere en su intento, por mucho que grite cuando te acercas, mantén tu negativa con calma y *coherencia,* repitiendo siempre: «Con las ventanas no se juega.»

Las malas caras, los gritos y los castigos no te servirán de nada. Diciéndole que es un chico malo o repitiendo «no» un centenar de veces sólo empeorarás las cosas. Porque, a esta edad, el niño intenta con todas sus fuerzas hacer valer su independencia, y con esta clase de disciplina no consigues más que avivar el fuego, reforzar su determinación de ganar la batalla y, en definitiva, minar vuestra relación.

La única disciplina eficaz es tu actitud coherente, amable pero firme, de impedirle cometer una acción peligrosa. En aras de su seguridad, pero también de la disciplina, vigílalo. Sé rápida en reflejos. Estate atenta a sujetarle el brazo antes de que arroje el camión a la cara del bebé, a poner fuera de su alcance las tijeras, a sujetar la lámpara cuando empiece a tirar del cable. Distrae su atención. Convéncele de que cualquier otra actividad será más entretenida.

La seguridad

Su precario equilibrio, su insaciable curiosidad y su absoluta falta de juicio convierten al niño que empieza a andar en víctima propiciatoria de terribles accidentes. Tienes que estar constantemente alerta —y rápida— para ahorrarle todo mal. Vigila los peligros que *parecen* fuera de su alcance. Recuerda que ya es capaz de trepar, abrir cajones y manejar objetos. Su desarrollo físico es rápido. Hace un mes no podía ni pensar en subirse a la mesa de la cocina. Ahora puede hacerlo y, además, descubrir que desde allí alcanza a los armarios.

Conserva su afición a saborearlo todo, por lo que debes vigilar rigurosamente cuanto se lleva a la boca. Hasta la edad de tres o cuatro años no estará capacitado para manejar nueces, palomitas de maíz, globos (desinflados) ni chicle.

Cuando lo saques al jardín, procura que permanezca recluido en su parque de niño. No lo dejes solo junto al material de juegos ni el estanque. Tu pronta intervención en un momento de inestabilidad puede impedir un grave accidente. Mantenlo a salvo de las herramientas de jardín, el cortacéspedes y los productos tóxicos que se guarden en el garaje. No le permitas jugar en la calzada, aunque para ello tengas que tomarlo en brazos contra su voluntad. No le dejes acercarse a perros y gatos extraños. Hasta su propio animal de compañía puede morderle o arañarle cuando le tire del rabo (¡lo que seguramente hará!).

EL NIÑO DE MÁS EDAD

Desarrollo general

Hacia los tres años, el niño está lejos de ser un bebé. Probablemente, su nivel de habla le permite hacerse entender por la mayoría de las personas. (Tal vez atraviese por un período de «tartamudeo», al que no debes prestar atención. Lo superará más rápidamente si se le concede tiempo para expresar lo que desea sin corregirle.) El alcance de su atención es mayor, y su coordinación (gruesa y fina), más perfecta, por lo que es capaz de realizar numerosas actividades motoras. Le encanta comer y vestirse solo, aceptando ayuda en los gestos que entrañan más dificultad. Atrás quedan (a los tres años o poco después) los pañales y el biberón. Conserva su curiosidad y afán explorador, pero sus juegos son más organizados e imaginativos. Es más sociable, razonable y tratable. Ha desaparecido su hábito de llevar sistemáticamente la contraria (exceptuando una breve reaparición hacia los cuatro años). En los años siguientes, conforme llega a la edad escolar, evolucionará hasta perder su absoluta dependencia de los padres y afirmarse como individuo. La confianza que tenga en sí mismo y su sentimiento de independencia avanzarán un gran paso adelante si asiste a un jardín de infancia; ciertamente, es hora de que acuda al parvulario.

Desarrollo físico

El aspecto físico del niño que ha cumplido tres años tampoco es ya el de un bebé. Sus piernas son más esbeltas y, aunque conserve algo de tripita, todo su cuerpo es más estilizado. El acelerado desarrollo de sus músculos exige un intenso ejercitamiento físico. Es un torbellino, no para quieto un momento. Disfruta con los juegos activos: correr, trepar y, sobre todo, saltar. Se desenvuelve con habilidad, sino con armonía, en la mayoría de las actividades físicas. Es propenso a cansarse, pero también se recupera enseguida. En lugar de echar breves sueñecitos, prefiere «descansar» mirando las láminas de un cuento, escuchando música o trabajando con materiales artísticos. Usa con preferencia la mano derecha o la izquierda. Le han salido todos los dientes de leche.

Desarrollo social

A esta edad, el niño ha aprendido las bases del juego con sus iguales. Es capaz de compartir y de respetar su turno, si no con estusiasmo y puntualidad, al menos con el entendimiento de que más le vale hacerlo. En su cabecita ha entrado la idea de que los otros niños son algo más que simples competidores, en juegos y en atención. Son seres interesantes, con los que puede compartir actividades y aficiones en un plano que no se da con los adultos. ¡Ha descubierto la amistad! Ahora, más que necesitar, *desea* estar con otros niños de su edad.

El chiquillo está aprendiendo la diferencia entre lo que está bien y mal, a la par que adquiere el sentido de la responsabilidad. A veces le resulta difícil, porque todvía no distingue claramente lo bueno de lo malo, ni se hace cargo de las consecuencias de sus actos. Hay ocasiones en que se siente culpable de cosas que son ajenas a su intervención. Supongamos que se ha «portado mal» después de comer, justo antes de que tú llegues. Ha roto un vaso, haciendo enfadar a su madre. Al poco, los padres salen, dejándolo en casa contigo. Normalmente os lleváis bien los dos, pero esa noche se siente abandonado por sus padres, creyendo que lo han dejado en casa porque es «malo». Tal vez permanece callado y triste hasta el momento de acostarse, o acaso descargue su rabia contra un mundo que le hace sentirse desdichado. Su conducta te confunde.

Es preferible que, en tales circunstancias, el chiquillo tenga capacidad para expresar claramente el motivo de su desdicha. Porque entonces sabrás consolarlo. Pero aunque no pueda verbalizarlo, ten por seguro que, cualquiera que sea la raíz del problema, no guarda relación con tu persona. Puede mostrarse rebelde en grado límite, de acuerdo, pero está pensando en sus padres. Este convencimiento te ayudará a contener la ira.

Por tu parte, procura no herir sus sentimientos avergonzándolo o haciéndole sentirse culpable. Ello no significa que no debas hacer constar tu desaprobación cuando haga algo indebido. Sin enojarte, explícale porqué no debe obrar así: «Miguel, no puedes comerte las galletas ahora. Ha dicho mamá que son para el postre. Si te las comes ahora, no podré darte un premio después. Por favor, dámelas para que las guarde hasta después ·de la cena». Si te las entrega y puedes ponerlas a buen recaudo hasta su debido momento, estupendo. Si se escapa para comérselas, no dudes en reprender su acción, explicándole que es responsable: «Eso está muy mal, Miguel. Hubiera preferido que dejases las galletas para después de la cena.» Nada de apelar al miedo o a la culpa, con expresiones como ésta: «¡Pobre de ti! Tus padres se van a enfadar muchísimo cuando se lo diga.» Da de cenar a Miguel como estaba previsto. Tanto si come como si no, prescinde de concederle un premio. Si ello le entristece, explícale de nuevo, sin encolerizarte, el desarrollo de las cosas y las consecuencias. Procura que se interese por algo distinto.

Al cumplir los cuatro años, el chaval ya no responde tanto a la técnica de la distracción con la que se pretende disuadirle de cometer un acto inaceptable. Es muy capaz de elegir y aceptar las consecuencias de sus actos. Por otra parte, no hay necesidad de que éstas se prolonguen demasiado. Después de hacérselas sentir, es hora de adentrarse en otros aspectos más gratos.

El que comuniques o no a los padres la mala conducta del hijo depende de lo graves que hayan sido las consecuencias. Cuando existan heridos o desperfectos, debes informarles, y lo mismo cuando un gesto del niño te haya molestado personalmente. En cambio, pasa por alto las faltas leves.

Identificación y educación sexual

Uno de los empeños infantiles es hacer averiguaciones acerca del sexo. ¿Cuáles son las peculiaridades de cada sexo, y por qué motivo el comportamiento es diferente? El niño varón sabe que se hará hombre, y la niña sabe que se hará mujer. Estudian a las personas adultas en su intento de comprender qué significa eso. Aprenden por imitación. Emulan las conductas y actitudes de los adultos que son de su mismo sexo, sobre todo de los padres.

Aprenden asimismo haciendo preguntas, en ocasiones muy directas, al respecto de los genitales y el sexo en general. A los padres les incumbe brindar a su hijo una educación sexual completa, franca y desinhibida. Sin embargo, el padre o la madre no está siempre cerca cuando surge la pregunta, y tal vez te toque a ti responder a interrogantes de este tipo: «¿Cómo se metió el bebé en la tripa de la tía Carmen? ¿Y por dónde va a salir?» Puedes considerarte una heroína si conservas la presencia de ánimo para replicar: «El bebé no se metió, sino que se ha formado dentro de la tía Carmen», o «cuando llegue el momento de que nazca el niño, saldrá por una abertura que está preparada para eso». En ningún caso te eches a reír ante las preguntas del chiquillo, ni demuestres turbación. Sencillamente, dile que ignoras la respuesta, o que sus padres sabrán explicárselo mejor.

Quizá adviertas que el niño juega con sus genitales de vez en cuando, ya sea por curiosidad, ya en momentos de tensión. Ni menciones el hecho. Cuando lo haga en público y te sientas molesta, limítate a distraer su atención con un juguete.

La imaginación

A esta edad, el niño posee una imaginación muy vívida. En ocasiones le resulta difícil dintinguir lo real de lo imaginario. Es propenso a dejarse llevar por fantasías. Por ejemplo, *desea* tantísimo meter un gol que llega a *afirmar* que lo consiguió, aunque de hecho sólo haya tocado el pelo de la portería con el balón. No está mintiendo. Escucha su relato con interés y simpatía, apuntando algo parecido a esto: «Chico, estoy segura de que te encantaría marcar montones de goles». Conviene estimular el juego imaginativo (v. pág. 108-109) en tanto en cuanto desarrolla la creatividad. Ahora bien, cuando un niño relata demasiadas fantasías, revela que su vida real no le satisface.

Una imaginación activa abre las puertas al miedo. El pequeño puede tener miedo a la oscuridad, a los animales, a los tullidos, a la muerte, al daño físico y a un sinfín de peligros, reales o imaginarios. Es perjudicial que alguien se burle de sus temores o los esgrima como arma para manipularlo. Muy al contrario, necesita una dosis extra de cariño; necesita tranquilizarse sabiendo que las personas mayores comprenden sus temores, pero no los comparten. En estos casos, el juego imaginativo es una vía para superar el miedo.

La seguridad

A esta edad, el niño posee más equilibrio de movimientos y predisposición a la obediencia. Está aprendiendo a cuidar de sí mismo. Es el momento de colaborar con los padres inculcándole precauciones de seguridad, tales como la forma de acercarse a los animales, de usar los útiles de cocina y de guardar el equilibrio en la bicicleta. Todavía no comprende del todo los riesgos que entrañan los objetos punzantes, el tráfico, el fuego y los productos tóxicos. Por si acaso, sigue protegiéndolo frente a estos riesgos igual que harías con un niño de pecho. Vigílalo con frecuencia mientras explora el jardín o el vecindario. Inspecciona la zona de juego para cerciorarte de que no hay socavones, vías de agua, pilas de basura, estructuras elevadas a las que pueda subirse, coches abandonados, etc.

4. La hora de las comidas

Al igual que para los adultos, la comida es muy importante para los niños, y no sólo desde el punto de vista alimenticio, sino también psicológico. A través del modo en que se les da de comer, aprenden muchísimo acerca del mundo en general y de la persona que los alimenta en particular. Por esta razón, preparar las comidas constituye una de tus principales obligaciones como niñera.

Nadie pretende que desarrolles la habilidad de un *chef*. Muy al contrario, la gente menuda prefiere los platos sencillos y poco sazonados. Por otro lado, los padres habrán dejado casi siempre la comida preparada o casi a punto, para que tú la calientes y la sirvas.

En general, los niños son poco aventureros en cuestión de comidas. Algunos se muestran más dispuestos a probar sabores nuevos, pero la mayoría prefieren aquellos a los que están acostumbrados. A partir de los tres años, es más frecuente que encuentren placer en experimentar, tanto más cuando han contribuido a la preparación del plato; para los pequeños, sin embargo, representa un trastorno cualquier cambio en la rutina; por ejemplo, no usar su tazón preferido, darles el plátano antes de la comida en lugar de a los postres, etc. Pisarás un terreno más seguro ajustándote estrictamente a las instrucciones de los padres. Haz que te expliquen lo que debes dar a un niño menor de tres años, en qué cantidad y cuándo. Procura enterarte bien de sus indicaciones, anotándolas por escrito si es preciso.

No te sorprendas al comprobar que los padres de distintos niños de la misma edad te dan instrucciones diferentes. Los chavales varían enormemente en preferencias y hábitos alimenticios. Del mismo modo que a ti te gusta cenar croquetas mientras

68   Baby-Sitter/Cuidadora de Niños

tu amiga íntima prefiere un filete a la plancha, así también es posible que un niño de dos años adore la sopa de pollo pero que otro sea incondicional de las salchichas.

El tipo de alimentación varía asimismo con la edad. El bebé se alimenta perfectamente a base de biberones y papillas; más adelante, necesita alimentos sólidos desmenuzados, que pueda tomar sin ayuda; cuando está crecidito es capz de saborear muy diversos sabores y texturas, aunque todavía no tolera las especias ni los condimentos fuertes. Y en definitiva, sus hábitos están condicionados por las opiniones que tengan los padres y pediatras acerca de la alimentación correcta.

Tu cometido es procurar que el pequeño reciba alimentos nutritivos en un ambiente agradable. Sírvele la comida a su hora. Permítele que la examine a gusto, y que mastique a su propio ritmo. Jamás le obligues a comer más de lo que le apetece. Tampoco prestes atención a sus modales en la mesa. Si se eterniza o manifiesta un evidente desinterés, pon fin a la comida.

En cuanto a ti, más vale que comas antes en casa o que te lleves un pequeño refrigerio. Las personas precavidas tendrán previsto un tentempié para ofrecerte, sobre todo si vas a permanecer bastantes horas en la casa, pero no lo des por hecho. (Por otra parte, ¡quizá no sea de tu agrado lo que te ofrecen!) Por lo regular no les importará que te prepares un café o tomes un refresco de la nevera, pero en caso de duda, pregunta primero. Cuando los dueños de la casa te autoricen a prepararte algo de comer sin especificar más, no abuses. Ni te acabes todo el jamón ni cortes, por ejemplo, una tarta que está sin empezar.

Deja la cocina tan limpia como estaba. Friega y recoge los cacharros que hayas utilizado, así como todo aquello que haya ensuciado el niño. Arroja los restos al cubo de la basura, retira las migas y limpia la grasa del horno o la chapa. En cambio, no tienes porqué limpiar lo que hayan ensuciado los padres, a menos que te lo pidan expresamente y, aún así, deben pagarte un suplemento.

Vigilar la seguridad del niño

Con la posible excepción del baño, la cocina es el cuarto más peligroso de la casa. Mientras preparas la comida, mantén al niño ocupado en otra cosa. Si es mayorcito, puede jugar tranquilamente dentro de tu campo visual, pero lejos de tu zona de trabajo. Un bebé debe permanecer en su sillita o parque. No lo sujetes en brazos mientras guisas. Si, por alguna razón, es difícil de manejar, prescinde de las preparaciones elaboradas; recurre a alimentos que no necesiten cocción.

Antes de hacer nada en la cocina, considera los riesgos siguientes:

1. Los *agentes químicos peligrosos,* como productos de limpieza, lejía, insecticidas en spray, etc. (v. la lista de la pág. 123), suelen guardarse en la cocina. Tras localizarlos, cerciórate de que están fuera de alcance, preferiblemente bajo llave. (v. *Intoxicación,* pág. 122.)

2. Los *fuegos de la cocina* (v. *Quemaduras,* pág. 128) acicatean la curiosidad del pequeño, quien intuye que algo interesante está ocurriendo a su alrededor. Utiliza solamente los quemadores posteriores. No dejes sobresaliendo el mango de ningún cazo o sartén. Si los mandos reguladores se sitúan en la parte frontal de la cocina, evita que el chiquillo los toque. Antes de que salgan los padres, entérate del funcionamiento de los fuegos y del horno, porque algunos modelos son más complicados que otros. Mantén las cerillas fuera del alcance del niño.

3. Las *sillitas de ruedas,* los parques, etc., aunque diseñados con fines protectores, pueden resultar peligrosos cuando se usan indebidamente. Colócalos en posición estable, lejos de la cocina, el frigorífico y las puertas. No permitas que el niño se encarame a su sillita alta sin ayuda. Sujétalo bien con el cinturón de seguridad, no sólo con la encimera abatible, la cual debe quedar firmemente asegurada en su posición.

4. Atención a los *aparatos eléctricos,* de manera especial los cuchillos, las batidoras y los «robots», que son en extremo peligrosos. Cerciórate de que conoces su funcionamiento. Cuando tengas dudas y no dispongas del libro de instrucciones, abstente de usarlos.

5. Guarda los *cuchillos* y demás objetos cortantes o afilados fuera del alcance del niño.

6. Recoge los objetos caídos *en el suelo* y limpia al instante los líquidos derramados, para evitar caídas.

7. Jamás dejes a un niño solo en la cocina.

Localizar el material necesario

Antes de que los padres se marchen y durante tu recorrido de inspección por la casa, no dejes de visitar la cocina, con objeto de localizar todos los útiles que vas a necesitar cuando prepares la merienda o la cena. He aquí una lista orientatitva:

- fórmulas de biberón, con instrucciones
- abrelatas
- vaso o cuchara de medir
- jarra o cuenco para mezclar
- biberones, tetillas y tapones
- cepillo para limpiar biberones
- calentador de biberones
- cazuelas y sartenes
- cucharas de cocina, espumadera, etc.
- cuchillos
- alimentos enlatados o potitos

- fuente de horno
- «aperitivos» propios para críos, como galletas, maíz tostado, etc.

- platos y demás utensilios para dar de comer al niño
- baberos

LA ALIMENTACIÓN DEL BEBÉ

Biberones

Hasta el año de edad, el componente principal de la alimentación del niño es la leche o el biberón, que él se encarga de exigir a intervalos regulares. Los padres te indicarán más o menos a qué hora se despertará su hambre.

Lo habitual es que los padres, sobre todo si se trata de su primer hijo, estén más que preparados a este respecto. En el frigorífico encontrarás seguramente más biberones —ya esterilizados, llenos y listos— de los que necesitarás usar mientras ellos están fuera de casa. Te bastará con calentar uno para dárselo al niño. Con todo, más vale ser previsora y conocer de antemano el modo de preparar un biberón. A continuación describimos el procedimiento habitual, aunque existen *muchas* variantes, por lo que debes consultar con los padres en su momento.

Tipos de biberón

Existen dos tipos básicos, que aparecen representados en la figura. El de la izquierda, una vez lleno, se guarda con la tetilla invertida. Es preciso desenroscar la tapa, extraer el tapón de goma, girar la tetilla haciéndola pasar por el agujero de la tapa y enroscar ésta firmemente, para impedir fugas. La cánula del centro se puede adaptar al modelo de la izquierda. El modelo de la derecha se guarda con la tetilla colocada ya en posición de uso y portegida por una tapa mayor. Es algo más difícil de montar (la bolsa de plástico que contiene el líquido debe ajustarse bien al borde de la botella, para evitar fugas), pero tiene la ventaja de eliminar buena parte del aire tragado por el niño.

Cuando debas lavar un biberón antes de su uso, llénalo primero con agua caliente y un chorrito de producto lavavajillas. Con un cepillo diseñado a este efecto, frota bien el interior y el borde hasta que no quede rastro de espuma ni de olor. Igual de minuciosa has de ser en la limpieza de la tetilla y la tapa. Con el pulgar, presiona la tetilla para forzar el paso del agua caliente por su orificio. Pregunta a los padres si tienen por costumbre esterilizar los biberones y, en caso afirmativo, infórmate del método que siguen.

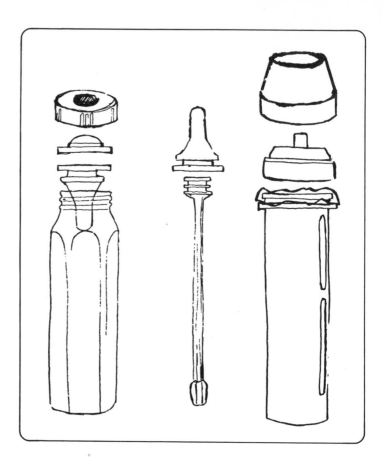

Tetillas

Se presentan en varias formas y tamaños, con distintos tipos de agujeros para líquidos de diferente consistencia. Cuando encuentres en la casa más de un tipo de tetilla, entérate del uso de cada una.

Leche y fórmulas para lactantes

Algunos pediatras recomiendan alimentar al bebé con leche completa de vaca y comenzar el destete relativamente pronto, pero otros prescriben que se mantenga la lactancia al pecho o con biberón durante un año como mínimo. Como es lógico, los biberones de leche son más fáciles de preparar. Basta verter en ellos la leche, calentándola si es preciso. Las fórmulas son más complicadas.

Hasta hace poco, muchos padres mezclaban fórmulas específicas según receta, empleando diversos ingredientes minuciosamente medidos y tomándose no pocas molestias para mante-

ner la asepsia del proceso y proteger a sus hijos frente a los gérmenes. Es un método complicado y que lleva tiempo, por lo que, de ser éste el caso, los padres entenderán que no te corresponde a ti preparar los biberones. Sea como fuere, este procedimiento ha caído en desuso, salvo para niños que requieren una dieta especial. La mayoría de los padres administran a sus hijos una de las fórmulas comerciales que se expenden, ya preparadas y esterilizadas, en farmacias. De aceptable valor nutritivo y cómoda preparación, casi siempre se componen de leche, agua, aceite, un adulcorante y un aporte suplementario de vitaminas y minerales. Existen fórmulas a base de soja para los niños que no toleran la leche. En cada caso, el pediatra habrá prescrito la marca que juzgue conveniente.

En la actualidad son cada vez más las madres que deciden amamantar a sus hijos, práctica que entraña numerosas ventajas tanto en el plano nutritivo como en el psicológico. En cambio, un inconveniente obvio reside en que la madre (o bien otra madre que esté lactando) es la única persona que puede dar de comer a su hijo. Ello supone que no puede permanecer lejos del bebé más de unas horas, *a menos* que lo haya habituado a tomar un biberón ocasional de manos de otra persona, como tú. Puede tratarse de un biberón de fórmula comercial, preparada según se indica más adelante, o bien de la propia leche materna, que ella habrá «exprimido» cuidadosamente y conservado en el frigorífico. Cualquier madre que se haya tomado la molestia de extraer y congelar su propia leche será puntillosa al respecto, no te quepa duda. *No desperdicies ni una gota del precioso líquido.* Saca del frigorífico la cantidad suficiente para cada toma, no más. Probablemente la encontrarás ya preparada en el biberón. No la descongeles de cualquier manera, sino poniendo el biberón bajo el chorro del agua fría y aumentado poco a poco la temperatura, hasta que la leche recobre el estado líquido. Calienta entonces el biberón según se describe en esta misma página. La leche materna se echa a perder enseguida, así que, después de cada toma, restituye al frigorífico la cantidad que haya sobrado.

Las fórmulas comerciales se expenden «listas para el consumo» o «concentradas». Lógicamente, las primeras son más cómodas de usar. Se presentan en envases desechables de uno, dos o cuatro litros. Agita bien el líquido y viértelo en un biberón. Las fórmulas concentradas se mezclan con agua, por lo regular a partes iguales. (Algunos padres hierven el agua para esterilizarla, sobre todo si el niño es de muy corta edad. Infórmate a este respecto.) Vierte el agua en un vaso de medir limpio (en su caso, esterilizado) o bien en el mismo biberón, y agrega una cantidad igual de la fórmula. Agita la mezcla, y eso es todo.

Agua

Esta bebida, tantas veces despreciada, debería administrarse a los niños con frecuencia, sobre todo en tiempo cálido. Pregunta a los padres si debes hervirla (y, por supuesto, dejarla enfriar) primero.

Zumos de frutas

El aparato digestivo de los niños de pecho es muy sensible, así que ten cuidado con los zumos. Solicita instrucciones exactas acerca de la cantidad y la clase de zumo que puedes administrar al niño. Pregunta asimismo si debes colarlo antes o usar una tetilla especial.

Calentar el biberón

Hay bebés que están acostumbrados a tomar el biberón frío, tal como sale del frigorífico, pero lo normal es calentarlo, sobre

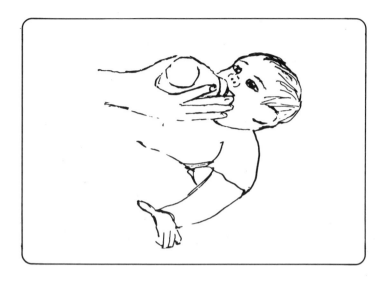

todo cuando el niño es muy pequeñito. Los padres te indicarán lo que debes hacer; en caso de duda, sin embargo, calienta el biberón. Tal vez dispongan en la casa de un calentador especial, un pequeño termostato capaz de templar el biberón en el tiempo en que cambias un pañal. Más común es el socorrido método del baño maría. Llena una cacerola con agua, caliéntala a fuego suave, introduce en ella el biberón y espera a que se temple. Como este método es menos exacto que el del termostato, debes *probar la temperatura antes de administrar el biberón al niño*. Agita el biberón y vierte unas gotas del líquido sobre una de tus muñecas. Has de sentirla tibia. Si está demasiado caliente, haz correr el agua fría sobre la pared del biberón (no sobre la tetilla cuando está esterilizada) y prueba de nuevo la temperatura.

Administración del biberón

Elige un asiento cómodo, a ser posible una silla o la esquina de un sofá con reposabrazos. Se recomienda sostener a los bebés de muy tierna edad con el brazo izquierdo doblado, contra tu cuerpo. Consulta las ilustraciones de la página 51. Entre tú y el niño encontraréis la postura más cómoda para ambos. Introduce la tetilla en su boca; él hará el resto. Sujeta el biberón con la mano contra el cuello del bebé. De este modo podrás rozar con los dedos su mejilla, gesto que lo reconfortará.

Nunca dejes al niño con el biberón metido en la boca. Si te *urge* la necesidad de atender a su hermanito en ese momento, interrumpe la toma.

Los padres te habrán indicado aproximadamente qué cantidad suele consumir, pero su apetito puede variar. Habrá tomado la cantidad correcta cuando parezca satisfecho. Haz saber a los padres qué cantidad tomó, ya que podría influir en su apetito durante la próxima toma. Devuelve al frigorífico la porción de leche o fórmula que haya sobrado. En cambio, cuando el biberón quede vacío llénalo de agua fría y déjalo en el fregadero.

Gases

Es normal que los lactantes traguen algo de aire durante la toma con biberón. Algunos eructan sin problemas; a otros es preciso ayudarles a echar el aire. Es algo que varía con la edad y el aparato digestivo del niño. Cuando, a mitad de una toma, éste escupe la tetilla y empieza a hacer «pucheros», significa que está molesto por los gases, o bien que el orificio de la tetilla se ha obstruido. Compruébalo. Para ayudarle a eructar, sujétalo en una de las posturas que se ilustran en la página 51. Coloca debajo del bebé un paño o un babero, para proteger sus ropas y las tuyas. Suavemente, frótale o dale golpecitos en la espalda o el vientre. Cuando haya expulsado los gases, ofrécele de nuevo el biberón. Es posible que necesite volver a eructar al final de la comida, salvo que se quede inmediatamente dormido, como suele ser el caso. No te obsesiones con el tema, a menos que se trate de un niño propenso a los gases o a los cólicos (v. pág. 50). Terminada la toma, acuéstalo boca abajo o sobre el costado derecho. En esta postura expulsará fácilmente el aire, que no podrá así pasar a su estómago.

Las papillas

En algún momento de su primer año de vida, el niño empieza a tomar alimentos blandos. Algunos pediatras recomiendan empezar con papillas de cereales; otros, con frutas. Los padres a su vez, pueden optar por triturar en casa los alimentos o por usar potitos comerciales. En cualquiera de los casos, la práctica habitual consiste en probar el nuevo régimen alimenticio una sola vez y, a continuación, esperar más o menos una semana para ver la reacción del pequeño. En el caso de que desarrolle una alergia o cualquier otro fenómeno de rechazo, el alimento causante es entonces fácil de identificar. Por este motivo, nunca administres a un bebé nada que no se te haya indicado, aunque encuentres un potito en el armario de la cocina.

Para calentar el alimento, vierte con una cuchara la cantidad prevista en un cazo o recipiente que vaya al fuego. Llévalo a una temperatura tibia, que deberás comprobar en la muñeca, igual que el biberón.

Algunos niños están habituados a tomar primero un poco de biberón, después la papilla y, por fin, el resto del biberón. Otros prefieren las cosas por su orden. Solicita instrucciones a los padres. Cuando llegue el momento de administrar la papilla, instala al niño, con su chupete, en la sillita de comer o de ruedas. Abróchale el cinturón de seguridad. (También puedes sujetarlo en brazos, pero es más complicado.) Con su cuchara, que probablemente será pequeña y poco profunda, introdúcele en la boca una pequeña cantidad de alimento. Como todavía está aprendiendo a comer con cuchara, es posible que, en lugar de tragar sin más la comida, la arroje fuera. Con suavidad, recógela con la cuchara e inténtalo de nuevo. Si le gusta lo que le das, terminará por tragárselo y aceptar más. En caso contrario, cerrará la boca y volverá la cara cada vez que acerques la cuchara. Desiste. No *tiene que* comérselo, y obligándole sólo empeorarás las cosas. Aun cuando le encante un alimento determinado y esté dispuesto a repetir sin saciarse, no le des más cantidad de la recomendada por sus padres. El exceso podría provocarle diarrea o estreñimiento. Pasa al siguiente componente del menú, termina con el biberón o pon fin a la comida.

LA ALIMENTACIÓN DEL NIÑO QUE EMPIEZA A ANDAR

Algunos niños empiezan a comer alimentos sólidos e intentan hacerlo sin ayuda ya al primer año, actividad que se intensifica generalmente hacia el segundo año de vida. En esta fase, la comida resulta más fácil en el sentido de que te exige menos preocupaciones referentes al cuándo, al qué y al cómo, ¡pero sin duda es más ajetreada!

A esta edad, el chiquillo aborda la comida de la misma manera que aborda todo lo demás: con una energía y una curiosidad inagotable. Antes o después, su impulso le llevará a derramar, palmear, pellizcar, estrujar o dejar caer todo alimento que tenga delante, al margen de que su textura y consistencia se presten o no al experimento. Prepárate a afrontarlo y no pierdas la cabeza. Siempre que no intente tomarte el pelo, ármate de paciencia y déjale hacer. Haz las cosas más fáciles, para ti y para los padres, dando de comer al niño en la cocina o en cualquier otro rincón de la casa que se limpie fácilmente.

El apetito de un niño de dos años es pasmosamente variable. Mientras era un bebé, aceptaba el biberón porque estaba hambriento, pero ahora se ha vuelto caprichoso. Ciertas comidas le entusiasman y, sin embargo, hay días que se niega a probar bocado. No te preocupes. Su ritmo de crecimiento es ahora más lento, por lo que no *necesita* comer tanto. Se ha demostrado, por lo demás, que cuando a los niños se les permite elegir entre diversos alimentos naturales y nutritivos, escogen siempre una dieta equilibrada; no lo hacen día a día, pero a la larga seleccionan las proteínas, grasas, hidratos de carbono, vitaminas y minerales que necesitan para crecer sanos. (Como es lógico, cuando al niño se le ofrecen azúcares y féculas, su régimen alimenticio termina siendo deficiente.) Los padres juiciosos ponen a disposición del hijo una apetitosa gama de alimentos nutritivos y le permiten elegir. Conviene que él mismo establezca la cantidad. Su cuerpo sabe si necesita reponer mucha o poca energía en un día determinado.

Del biberón a la taza

Muchos niños de dos años siguen tomando leche, fórmulas preparadas o zumos de frutas con biberón, pero a esta edad han comenzado ya a usar la taza. Pide instrucciones al respecto a los padres. Tal vez prefieran que le des el biberón en ciertos momentos del día, y la taza en otros (normalmente, coincidiendo con las comidas principales).

El destete tiene algo de traumático, por lo que suele hacerse progresivamente. El pequeño detesta renunciar a su biberón, que se ha convertido en una especie de soporte afectivo. Pregunta a los padres qué debes hacer cuando, mientras ellos están ausentes, el niño se niega a usar la taza. Como echará de menos a sus padres y estará hecho un mar de lágrimas (v. *La separación,* pág. 56), quizá sea mejor entregarle el biberón para que se consuele. Después de todo, no conviene abrumarle con demasiados reajustes a un tiempo.

Se encuentran en el mercado varios modelos de tazas para niños recién destetados. Las hay con pico, como el de una jarra, para evitar que el líquido gotee, y otras tienen una base ancha y redondeada que les confiere estabilidad; es inútil. El chiquillo derramará el líquido porque desea hacerlo. No le reprimas. Ponle el chupete y siéntalo en su sillita. Cuando haya terminado, limpia las manchas. (Un niño que está aprendiendo a usar la taza puede divertirse de lo lindo con ella en la bañera; v. pág. 99).

El uso de la cuchara

Cuando le des de comer un alimento blando, como una papilla de cereales o una compota de manzana, permítele hacer un primer intento sin ayuda. Su interés por aprender, unido a su apetito, le impulsarán a concentrarse en el esfuerzo, cuando menos en un principio. Si logra llevarse a la boca con la cuchara una cantidad, por pequeña que sea, antes de abandonarse a la frustración, habrá conseguido un gran triunfo. Cuando te parezca que va a darse por vencido, acude a él con otra cuchara (deja que conserve la posesión de la suya) y échale una mano. Atención, sin embargo, a no *forzarle* a comer más de lo que realmente le apetece. Si deja de comer cuando ha ingerido una cantidad razonable por sus solos medios, significa que tiene suficiente.

Comer con los dedos

Al niño le entusiasma comer pedacitos de alimento sólido con los dedos, actividad en la que es más diestro que en el uso de la cuchara. Ofrécele productos previamente desmenuzados, o que por su naturaleza no lo necesiten: salchichas, trocitos de pollo, palitos de zanahorias, galletas, cereales hinchados, etc.

LA ALIMENTACIÓN DEL NIÑO DE MÁS EDAD

Cumplidos los tres años, el pequeño ha abandonado el biberón, se ha acostumbrado a comer solo (aunque no con impecable limpieza) y sabe apreciar muy diversos sabores y texturas. Exceptuando los condimentos fuertes como el ajo, el comino, etc., sus gustos son muy parecidos a los de un adulto. Desea colaborar en la preparación de la comida y poniendo la mesa. Permíteselo, pues necesita sentirse útil y, además, puede serlo.

Cocinar

Todavía no está capacitado para cuidar del fuego ni usar instrumentos cortantes; en cambio, puede echarte una mano midiendo, mezclando, vertiendo, revolviendo, distribuyendo, etc. Esta actividad en común le enseñará a compartir responsabilidades, además de consolidar vuestra relación. No seas demasiado perfeccionista. Dale a entender que aceptas un poco de desorden como parte del proceso. Por lo demás, también puede ayudarte a limpiar.

Poner la mesa

Ha dejado de usar su sillita alta, para sentarse a la mesa como un comensal más. En el caso de que sus padres no le hayan enseñado a poner la mesa, puedes ocuparte tú de ello. Una actividad artística podría ser la creación de un mantel individual para él. Sobre una cartulina gruesa, enséñale a dibujar la posición del cubierto, con lápices de colores, rotuladores o acua-

relas. Llegada la hora de la comida, instala el dibujo en el sitio que va a ocupar el niño, para que le sirva de guía. Podrá ir colocando el plato, el vaso, los cubiertos y la servilleta verdaderos sobre los dibujados.

Advertencias acerca de la nutrición

Para mantenerse sana y en forma, cualquier persona, ya sea niño o adulto, necesita lo siguiente: leche y productos lácteos, como el queso y el yogur; carne, pollo o pescado; huevos; verduras de hoja y hortalizas, tanto crudas como cocidas; legumbres y frutos secos, incluso cacahuetes y mantequilla de cacahuetes; toda clase de frutas, preferiblemente crudas; pan y galletas elaborados con harina integral; cereales.

No es necesario consumir todos estos alimentos diariamente, pero sí distribuirlos de forma equilibrada a lo largo de un cierto período. Aunque no conviene abusar del azúcar ni de las féculas, de vez en cuando están permitidos.

Procura no valerte de la promesa de un dulce como incentivo para que el niño termine la comida. Debe aprender a consumir alimentos sanos disfrutando con ellos, y no porque a cambio se le recompense con un dulce.

Recetas

En cuestión de comidas, cada familia tiene sus prefencias; en general, los padres te darán instrucciones específicas sobre la alimentación de su hijo, pero habrá ocasiones en que la libertad de elección será mayor, por ejemplo, a la hora de la merienda. Selecciona entre los grupos de alimentos que se citan en el apartado anterior. En la despensa y el frigorífico hallarás productos nutritivos y sabrosos que no precisan cocción, que podrás alternar con algunos de los platos cocinados que se describen a continuación. Espera a que se enfríen lo suficiente para que el niño pueda tomarlos sin quemarse. Cada receta está calculada para una persona, y todas ellas son idóneas para niños a partir de dos años de edad. Cuando se trate de bebés, consulta con los padres primero.

Huevos revueltos

Casca un huevo en un plato hondo y bátelo con el tenedor hasta que la yema y la clara queden bien mezcladas. En una sartén y con fuego mediano, calienta una cucharada sopera de mantequilla o margarina. Cuando esté a punto, vierte encima el huevo batido y deja que se cuaje sin dejar de remover. Prepara los huevos revueltos más o menos cuajados, según el gusto del niño.

Torrija rápida

Casca un huevo en un plato hondo, en el que quepa holgadamente una rebanada de pan de molde. Espolvoréalo con una pizca de canela y bátelo con el tenedor hasta mezclar bien la clara y la yema. Empapa en el huevo una rebanada de pan por los dos lados, hasta que lo absorba del todo. En una sartén y con fuego mediano, pon a fundir una cucharada de mantequilla o margarina. Con ayuda de una espátula, fríe la rebanada de pan por los dos lados, hasta que quede ligeramente dorada.

Sandwich de queso

Extiende una lámina de queso (de la clase que más le guste al niño) entre dos rebanadas de pan de molde. En una sartén y con fuego mediano, derrite una cucharada de mantequilla o margarina. Tuesta el sandwich por los dos lados hasta que se dore el pan y se funda el queso.

También puedes emplear una parrilla especial para sandwich, a temperatura mediana.

Variante: reboza el sandwich de queso en huevo batido, igual que la torrija antes de tostarlo.

Papilla de cereales (avena, maicena, etc.)

Prepárala siguiendo las instrucciones del paquete. Cuando esté lista, agrega un huevo batido y una cucharadita de germen de trigo (optativo). Mantenla a fuego lento un minuto más, o hasta que el huevo se cuaje.

Hamburguesa

Toma la cantidad de carne picada que te quepa en el hueco de la mano. Forma una especie de albóndiga y aplástala después. En una sartén y con fuego mediano, dora la hamburguesa por los dos lados. (Los niños suelen preferir la carne media hecha; calcula cinco minutos de cocción por cada lado para una porción no muy grande de carne.) Sírvela sola, o bien sobre un panecillo redondo, previamente tostado.

Variante: Cuando falten dos minutos de cocción, extiende una lámina de queso sobre la hamburguesa y tapa la sartén.

Perrito caliente

Enciende la parrilla del horno. Dispón una salchicha de Frankfurt, entera o cortada en rebanadas, sobre la rejilla o la chapa. Ásala durante cinco minutos o hasta que se dore ligeramente, dándole la vuelta para evitar que se queme. Sírvela tal cual o sobre un bollito tostado. También puedes usar una parrilla eléctrica, a temperatura mediana.

Variante: Pon agua a hervir en una cacerola. Sumerge la salchica, entera o cortada en rebanadas, y déjala cocer de tres a cinco minutos. (Este método es más sencillo, pero no queda tan sabrosa.)

Pollo asado

Calienta el horno a 350 grados (calor fuerte). Lava uno o dos trozos de pollo, dependiendo del tamaño, y sécalos bien. Disponlos en una fuente de horno individual. Distribuye encima una cucharada de aceite de oliva o mantequilla fundida, y el zumo de un cuarto de limón (o cualquier otro cítrico). Espolvorea con una pizca de pimentón (optativo). Ásalo durante media hora, dale la vuelta al pollo y déjalo dorar media hora más por el otro lado.

Patata asada

Calienta el horno a 450 grados. Lava una patata de buen tamaño y quítale los «ojos» que pueda tener. Envuélvela en papel de aluminio o disponla sobre una fuente de horno individual. Ásala durante una hora. Sírvela cortada en rebanadas, o aplastada con un poco de mantequilla o margarina.

Pasta italiana

Pon agua a hervir en una cacerola. Agrega la sal y media taza de pasta (espaguetis o macarrones). Cuécela de ocho a diez minutos, o el tiempo recomendado en el paquete. Escúrrela y mézclala con una cucharada de mantequilla o margarina.

Variante: Mientras cuece la pasta, desmenuza o ralla una loncha de queso (o porción equivalente). Una vez escurrida la pasta, mézclala con el queso y la mantequilla.

Verdura hervida

Puedes usar cualquier clase de verdura o de hortaliza. Lávala, pélala si es necesario y córtala en trocitos. Pon a hervir una pequeña cantidad de agua (3 cm de altura aprox.) en una cacerola. Vierte, directamente la verdura en el agua hirviendo, o introdúcela en la cesta para cocer al vapor. Déjala hervir de ocho a diez minutos, de modo que quede crujiente. Escúrrela y sírvela con mantequilla o margarina.

5. Cambio de pañales/control de esfínteres

A partir de sus primeras experiencias con la excreción, el niño desarrolla actitudes hacia la limpieza y el orden que conservará toda su vida. Es importante que los adultos le muden los pañales y los sienten en el retrete con ternura, que estimulen sus esfuerzos por conformarse a las normas adultas, que le feliciten por sus progresos. Jamás debe sentir que una parte o producto de su cuerpo es sucio, o vergonzoso.

Cambio de pañales

La mayoría de los niños siguen usando pañales cuando dan sus primeros pasos y, al menos por la noche, hasta los tres o cuatro años de edad. (Comprobarás que las costumbres a este respecto constituyen todo un estilo de vida en familias con más de un niño menor de dos años.) Desde su más tierna infancia hasta que empiezan a controlar sus esfínteres, algunos niños no prestan la menor atención al estado de sus pañales. Otros no soportan estar húmedos o sucios (v. *El llanto,* pág. 49), y bien se encargan de manifestarlo con el llanto o con quejas verbales.

Cada niño se rige por su pauta individual de excreción. Se diría que los muy pequeñitos orinan constantemente; en su caso no hay necesidad de mudarles al instante el pañal húmedo. A condición de que estén cómodos y no sufran irritación (v. pág. 88), pueden conservar varias horas el mismo pañal. En cambio, los pañales manchados de heces deben mudarse cuanto antes. Los niños de brazos, sobre todo si están alimentados al pecho, experimentan varias deposiciones al día, más frecuentes después de las tomas. Ello no significa que el tener una sola deposición cada dos días sea un fenómeno anormal. Conforme el niño va creciendo, disminuye la frecuencia de sus movimien-

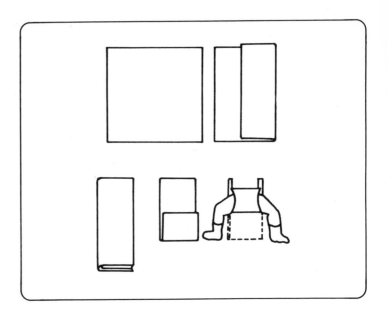

tos intestinales y, a medida que en su alimentación entran más alimentos sólidos, varía el color y la consistencia de las heces. Tal vez prefieras solicitar información a los padres para evitar inquietantes sorpresas: una simple ensalada de remolacha o una mermelada de arándanos puede provocar resultados espectaculares.

Tipos de pañal

Existen dos tipos fundamentales, de tela y de usar y tirar. Hay quien prefiere los primeros porque resultan económicos y, correctamente lavados y cambiados con frecuencia, se cree que provocan menos irritaciones. Lo normal es disponer de varias mudas y lavarlas en casa o bien recurrir a un servicio de lavandería.

Los pañales de tela se pliegan para adaptarlos a la anatomía del bebé. El método habitual es el que se ilustra en la figura. Procura que la parte más gruesa coincida con la zona donde tiende a acumularse la orina, es decir, hacia el vientre en el caso del niño varón, y hacia el vientre o hacia las nalgas en el caso de la niña, según que la acuestes boca abajo o boca arriba. En ocasiones se ponen braguitas de plástico sobre el pañal de tela para proteger la ropa.

Los pañales de usar y tirar, más caros pero también mucho más cómodos, se presentan plegados en diversos tamaños, con un forro de plástico y cintas adhesivas. No está claro que favorezcan las irritaciones más que los de tela. Muchos padres los

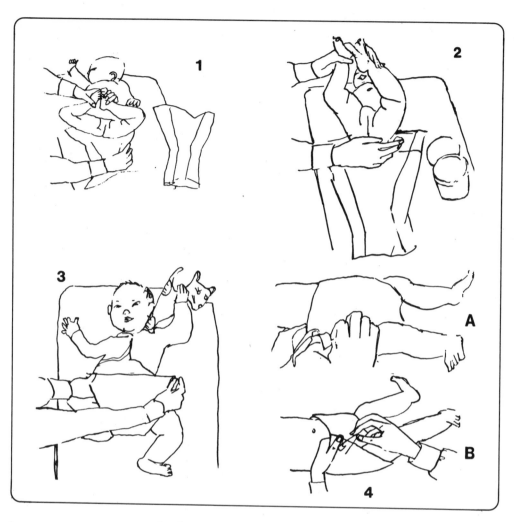

Cambio de pañales: (1) Ten preparado un pañal limpio; retira el usado. (2) Extiende un tercio del pañal limpio debajo del bebé; aplícale el talco o la loción. (3) Ajusta la parte delantera del pañal. (4) Asegúralo con cintas (a) o imperdibles (b). Al clavar el imperdible, desliza los dedos bajo el pañal para proteger la piel del niño.

usan en todo momento; otros los reservan para las ocasiones en que confían su hijo a un niñera o se lo llevan fuera de casa.

Modo de cambiar el pañal

Ante todo, coloca al alcance de la mano los útiles que vas a necesitar: una esponja o toallita empapada en agua tibia y jabonosa; otra toalla húmeda para aclarar; polvos de talco o loción; un pañal limpio; imperdibles, en su caso; ropita limpia cuando haga falta.

Apoya al niño sobre una superficie plana. Si dispones de una mesa especial para mudas, abrocha el cinturón de seguridad; de lo contrario, no le quites ni un momento la mano de encima.

Hasta el bebé más pequeñito puede darse la vuelta y caerse antes de que te des cuenta. Por su parte, el niño más crecido puede ser un torbellino. Entrégale algo fascinante, para mantenerlo ocupado mientras lo mudas. No es mala idea, sobre todo cuando vas a cambiar un pañal manchado de heces, extender una pieza de tejido absorbente debajo del niño.

Desata el pañal. Si sólo está húmedo, retíralo a un lado. De lo contrario, antes de quitarlo, usa la parte frontal intacta para limpiar al niño, frotando siempre hacia el ano. A continuación, levanta suavemente las piernas del bebé, dobla el pañal hacia dentro y retíralo a un lado.

Si el niño estaba sólo mojado no necesitas lavarlo, pero si había hecho de vientre, termina de limpiarlo con la esponja jabonosa. Pon especial cuidado en limpiar los pliegues vaginales cuando se trate de una niña. Con la toallita húmeda, elimina los restos de jabón. (En algunas casas se utilizan paños de usar y tirar, con los que puedes prescindir del jabón.)

Vuelve a levantar las piernas del bebé, sujetándolas por los tobillos, para extender debajo un pañal limpio. Aplícale polvos de talco o jabón (nunca las dos cosas a la vez: ¡formarías una pasta!). Ata el pañal. Cuando uses imperdibles, desliza un dedo bajo el pañal, entre la punta del imperdible y la piel del niño; cuando se trate de cintas adhesivas, procura no impregnarlas de talco ni de loción, pues no agarrarían. Si es necesario, viste al niño con ropa limpia.

Una vez que el niño está cómodo y seco, instálalo en un lugar seguro y procede a recoger la zona de muda. Deshazte de los pañales sucios siguiendo las indicaciones de los padres. Arroja a la basura los que sean de usar y tirar, tras haber eliminado la materia fecal sólida por el retrete; enjuaga los que sean de tela en el lavabo y ponlos después a remojo en la palangana reservada a este fin. Introduce en el cesto de la colada —quizá en una bolsa de plástico— la ropa sucia, las toallas usadas, etc.

Dermatosis por el pañal

Casi todos los niños sufren de vez en cuando una irritación provocada por el pañal. Se trata de una dermatosis con enrojecimiento de la piel, ronchas y hasta pústulas, debido al contacto con la orina y las heces. Cuando un bebé padezca este tipo de irritación, los padres te darán seguramente instrucciones para que lo atiendas. Es posible, sin embargo, que la descubras tú misma. Limpia y seca cuidadosamente el culito del niño. Si, entre las cosas de aseo del bebé, encuentras una pomada con indicaciones específicas para la dermatosis del pañal, puedes aplicarle un poco. De lo contrario, usa los polvos de talco o la loción de costumbre. Si el bebé da signos de incomodidad, telefonea a los padres. En cualquier caso, infórmales del asunto a su regreso. (V. *Dermatosis,* pág. 117.)

Control de esfínteres

Durante el primer año de vida, el niño es incapaz de controlar el flujo de orina y los movimientos intestinales. Algunos padres intentan «atrapar» alguna que otra deposición en el orinal; aunque lo consigan, sin embargo, no es más que una forma de condicionamiento, de hacer que el niño se vaya acostumbrando a la idea. Lo normal es esperar hasta el final del segundo año, cuando el pequeño manifiesta voluntariamente algún signo de estar preparado para pedir ir al retrete. No te corresponde a ti esta labor de educación.

El orinal

Cuando el niño parece dispuesto, se le acostumbra progresivamente a usar el orinal. Existen dos modelos: el que se instala sobre una taza normal de adulto (a la izquierda, en la figura) y el que se apoya directamente en el suelo (derecha). Cada uno

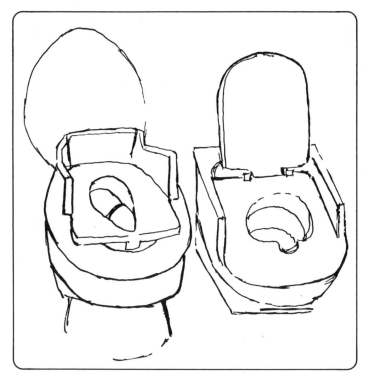

tiene sus ventajas y sus inconvenientes. El modelo adaptable ocupa menos espacio y permite que el niño se habitúe desde muy pronto a sentarse en un retrete de adulto. El modelo independiente se ajusta más a la anatomía infantil y, probablemente, es menos intimidante.

Los especialistas en desarrollo infantil recomiendan que el niño empiece por sentarse completamente vestido en el orinal, para que se familiarice con él como con cualquier otro elemento del mobiliario. Al cabo de un tiempo, se le sienta sin el pañal. Los padres o un hermano mayor pueden hacerle una demostración de la forma en que usan el retrete. Jamás hay que forzar al pequeño ni regañarle. Se le permitirá que se levante cuando así lo desee. Con un trato suave y amable, el niño terminará por orinar o defecar en el orinal cuando esté preparado para ello. En adelante hay que estimularlo con paciencia hasta que controle totalmente los esfínteres. Al principio, permanecerá seco y limpio durante el día y, por fin, también durante la noche. Llegará un momento en que, por propia iniciativa, se subirá sin pensarlo al retrete de los adultos y se ocupará del asunto sin ayuda.

Tu colaboración

Pregunta a los padres si el niño está aprendiendo a controlar sus esfínteres, y si desean tu ayuda. Si todavía es muy pequeño y acaba de empezar, tal vez decidan concederle un descanso mientras ellos están fuera; a fin de cuentas, es una cuestión que se plantea más de una o dos veces al día. Si ha progresado lo suficiente como para pedir de vez en cuando el orinal, preferirán que le ayudes a usarlo. Un niño que está ya educado para usar habitualmente el orinal necesita poca ayuda, apenas una leve indicación.

Cuando, por la forma en que el niño «baila» o por otros signos obvios, comprendas que tiene una urgencia, llévalo rápidamente al baño, pero con delicadeza. El control de los esfínteres es difícil a esta edad y, cuanto más espere, menos probabilidades tendrá de retenerse. Sin embargo, nunca lo *fuerces*. Cuando se niegue, déjalo estar. Prueba, en todo caso, a darle la píldora: «¿No quieres enseñarme lo bien que usas el orinal?», o «¡Qué mayor es ya este niño, que no se mancha el pantalón!»

Una vez en el cuarto de baño, y si te lo pide, ayúdale a desnudarse y a sentarse. Quédate a su lado mientras hace sus necesidades, y ayúdale después a limpiarse y vestirse. (Por lo general, los niños pequeños se sientan para orinar como las niñas, pero deja que él lo decida.)

Anímalo, felicítalo por sus éxitos, pero sin alabanzas demasiado extravagantes, pues podrían turbarlo. Aunque el control de los esfínteres supone un logro, debe abordarse como algo natural.

Nota: A ciertos niños les asusta el ruido de la cisterna. Quizá debas esperar a que él salga del baño y esté ocupado con otra cosa para tirar de la cadena. Consulta con los padres.

Descuidos

Habrá muchos. A veces, el niño está tan abstraído en el juego que, simplemente, se olvida. Otras veces, un niño que parecía educado en el uso del retrete, por efecto de un nuevo reajuste o preocupación en su vida, vuelve a los pañales. También puede ocurrir que, por razones de enfermedad, se pierda temporalmente el control de los esfínteres. Hasta el niño mayorcito, que lleva meses haciendo uso del retrete, puede mojar las sábanas alguna que otra vez.

Este tipo de accidentes no deben ser motivo de trastornos ni de recriminaciones. Limítate a decir: «Ha sido un descuido. Ya verás cómo la próxima vez te da tiempo a pedirlo». Y seguidamente limpia al niño. Cuando informes a los padres del accidente, hazlo con sumo tacto o procurando que no te oiga el pequeño.

Modo de vestir al niño

Cuando cambies los pañales, aprenderás de paso a vestir al bebé. Casi siempre, los padres dejarán una muda de ropa limpia a tu alcance; de lo contrario, infórmate al respecto.

Ante todo, cambia el pañal si es necesario (v. págs. 84-89).

En general, los bebés usan monos o prendas fáciles de poner y quitar. Sus extremidades no son tan frágiles como parecen. Sencillamente, manéjalas sin brusquedad, sobre todo los dedos, y procura no asfixiar al niño ni restregarle las orejas cuando le metas una prenda por la cabeza. No le gustaría.

Los bebés algo crecidos y los niños que empiezan a andar suelen ser más revoltosos. Tendrás que distraerlos con un juguete. Cuando pretendan vestirse solos, deberás armarte de paciencia. Extiende la prenda indicándole por dónde ha de meter los brazos y las piernas, o pónsela a medias para que él haga el resto. Basta que advierta tu buena voluntad para que acepte la necesaria colaboración de tu parte.

A mayor edad, el niño apenas necesita ayuda. Préstale estrictamente la imprescindible, por ejemplo, indicándole las prendas que debe vestir.

6. El momento del baño

Por lo regular, los padres te indicarán si desean o no que bañes al niño, deseo que obedece más a una cuestión de rutina que de higiene. El momento del baño es divertido; brinda al pequeño una gran oportunidad de juego creativo, relajándolo y templando sus nervios antes de acostarse. No pondrá objeciones, siempre que se lo sugieras con diplomacia: «¿Te gustaría jugar con burbujas?», «Probemos este barquito en la bañera» o «Después del baño, cenaremos y te contaré un cuento». Como siempre, pregunta a los padres cuándo y cómo bañan al hijo, y sigue su ejemplo. (V. también *Modo de vestir al niño,* pág. 125.)

Recuerda que el baño es uno de los dos cuartos más peligrosos de la casa (el otro es la cocina). He aquí algunas precauciones que debes adoptar en todo momento.

La seguridad del niño

1. Cerciórate ante todo de que no hay rondando por el medio medicamentos, objetos de aseo, cosméticos, productos de limpieza, tijeras ni aparatos eléctricos. Pon todos estos objetos a buen recaudo.

2. Llena la bañera con unos centímetros de agua tan solo, dependiendo de la edad y el tamaño del niño. En ningún caso tiene que llegar hasta el borde.

3. Prueba *siempre* la temperatura del agua con el codo o la muñeca antes de meter dentro al niño (es frecuente que el chorro del agua caliente salga a mayor temperatura después de correr un rato). El agua debe estar apenas templada para un bebé, y algo más caliente para un niño mayor.

4. Cierra bien los grifos y el mando de la ducha, con bastante fuerza para que el chiquillo no pueda accionarlos.

5. Antes de meter al niño en la bañera, comprueba que tienes a tu alcance todo cuanto necesitas: jabón, toallas, juguetes, esponja, etc.

6. Cuando la bañera no esté provista de material antideslizante, sienta al pequeño sobre una toalla. Coloca una alfombra de baño al lado de la bañera.

7. Para meter y sacar al niño de la bañera, levántalo por las axilas. Los pies siempre deben tocar el agua en primer lugar. No le permitas entrar ni salir saltando por el borde.

8. Jamás le seques el pelo con un secador eléctrico mientras está metido en el agua.

9. *Jamás* dejes a un niño solo en el cuarto de baño, ni para abrir la puerta, contestar al teléfono, buscar una toalla, etc. Cuando debas atender a otros niños, mantenlos ocupados en alguna actividad inocua o haz que permanezcan a tu lado.

La higiene del niño de pecho

Los padres casi nunca te pedirán que bañes a un bebé pequeñito, pues es demasiado difícil e incluso arriesgado. No debes intentarlo, salvo que poseas bastante práctica en bañar a tus hermanos menores. Explícales que no tienes experiencia y que prefieres declinar esa responsabilidad hasta que el niño sea mayor. Ofrécete a ayudarles mientras bañan a su hijo antes de salir, o bien a visitarles en otra ocasión (sin cobrar nada) más propicia para aprender. Pero si posees experiencia suficiente y tanto tú como los padres confiáis en tu capacidad, adelante.

Infórmate de cuál es la hora habitual de bañar al bebé. Probablemente será antes del último biberón —a menos que esté demasiado hambriento para esperar—, porque después de la toma querrá dormir.

Entérate asimismo de dónde suelen bañarlo. Es costumbre bañar a los bebés pequeñitos, que todavía no se sientan, sobre una superficie que quede al nivel de la cintura del adulto, en una palangana o tina. En cuanto el pequeño tiene edad de sentarse, se le puede bañar en la bañera familiar, con aproximadamente tres centímetros de agua tibia.

Cuando llegue el momento, repasa mentalmente todo el proceso. Deja al bebé en un lugar seguro mientras te preparas. Reúne al alcance de la mano todo cuanto vayas a necesitar: jabón, esponja, toalla, loción o polvos de talco, pañal limpio, imperdibles y una muda de ropa. Prepara el agua a la temperatura y al nivel correctos. Por fin, desnuda al niño.

Sujetándole la cabeza y los hombros con el brazo izquierdo (con el derecho si eres zurda), y la espalda y las nalgas con el otro, introdúcelo lenta y suavemente en el agua, los pies primero. No lo sumerjas de golpe, porque necesita tiempo para acos-

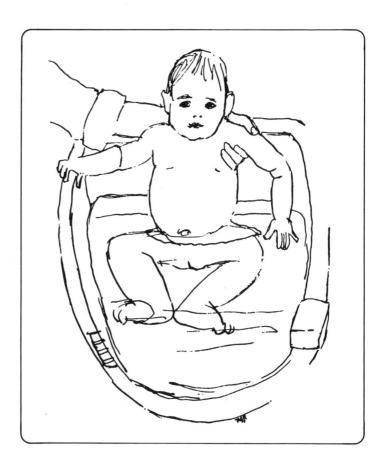

tumbrarse. Si no tiene edad para sentarse solo, continúa sujetándole la cabeza y los hombros con un brazo. En cualquier caso, ten una mano lista para agarrarlo por si pierde el equilibrio.

Enjabónalo ligeramente con la mano libre. Aclárado después a conciencia, sobre todo en los pliegues de piel zona de tejido adiposo que es menos delicada. No le apliques jabón, como tampoco demasiada agua, en la cabeza ni en la cara; frota estas zonas delicadamente con una esponja humedecida en agua tibia.

Terminado el baño a satisfacción de todos, levanta al niño sujetándolo de la forma indicada y apóyalo en la superficie de muda. (Conserva *siempre* una mano sobre su cuerpo para evitar que se dé media vuelta. Hasta un recién nacido podría caerse de la cama o la mesa antes de que te dieses cuenta, razón por la que debes disponer todo lo necesario al alcance de la mano.) Cúbrelo inmediatamente con una toalla y sécalo bien, con objeto de que no se enfríe. No lo restriegues; absorbe la humedad con ligeros toquecitos, insistiendo en los repliegues de piel.

El momento del baño 95

Es el momento de aplicarle la loción o los polvos de talco (ya sabes, una cosa o la otra, pues las dos juntas formarían una pasta). Ponle el pañal y vístelo.

Limpieza con esponja

Los bebés no se ensucian demasiado, de modo que puedes recurrir a la limpieza con esponja cuando, por la razón que sea, decidas prescindir de la bañera.

Reúne todo cuanto vas a necesitar: palangana de agua templada, esponja, jabón, toalla, talco o loción, pañal, imperdibles en su caso y muda de ropa. Coloca estos objetos sobre la superficie de trabajo o al alcance de la mano. Desnuda entonces al bebé y cúbrelo con una toalla para que no se enfríe.

Con una esponja humedecida en agua tibia, límpiale suavemente la cara. Añadiendo jabón si lo deseas, continúa con las demás partes del cuerpo; enjabona y aclara cada una antes de pasar a la siguiente. Elimina perfectamente todo resto de jabón, de manera especial en los pliegues de piel. Si lo prefieres, puedes limitar la limpieza con esponja a la cara y la zona del pañal. Seca al niño, ponle un pañal limpio y vístelo.

Más tarde, cuando el pequeño esté dormido o jugando apaciblemente, podrás recoger los objetos de aseo.

Limpieza con esponja en caso de fiebre

Cuando le suba la fiebre a un niño mientras está a tu cuidado (v. *El niño enfermo*, pág. 22, y *Fiebre*, pág. 117), puedes administrarle un «baño» de esponja para bajarle la temperatura, pero *después* de telefonear a los padres para que acudan. En estas condiciones no conviene que lo muevas demasiado; sin sacarlo de la cama, procede de la forma descrita, pero prescindiendo del jabón.

La higiene del niño que empieza a andar

A esta edad el baño resulta mucho más fácil, aunque todavía debes extremar la prudencia para evitar accidentes. La curiosidad y energía del chiquillo, unidas a su falta de equilibrio y discernimiento, componen un cóctel explosivo, y en el baño más que en ninguna otra parte. Ten siempre una mano lista para impedir que resbale o juegue con el grifo de agua caliente. Inventa medios de convertir el baño en una diversión, para que acceda de buena gana. ¡Y resígnate a las salpicaduras!

Las cosas resultarán más fáciles cuando los padres hayan informado al hijo de que vas a bañarlo; sea como fuere, adviérteselo con tiempo. Por dispuesto que esté a bañarse, deseará acabar primero lo que tenga entre manos.

Has de saber que a cierta edad, por lo general entre uno y dos años, el temor al baño es un fenómeno frecuente. Acaso tu amiguito se ha caído en la bañera en una ocasión anterior, o le ha entrado jabón en los ojos, o teme escurrirse por el desagüe (¡no es broma!). Te hayan avisado o no los padres, renuncia al baño en cuanto observes signos de pánico. A fin de cuentas, no es tan importante. Si el chaval está sucio, bastará una limpieza con esponja.

Tan pronto como decidáis de común acuerdo que el baño es una buena idea, adelante. Permítele que te ayude con los preparativos. Puede buscar sus juguetes de goma o quitarse los calcetines mientras tú reúnes los útiles y preparas el agua.

Una vez a remojo, le encantará que juegues con él; mientras lo haces, aprovecha para enjabonarlo aquí y allá, como quien no quiere la cosa. Seguramente no le gustará que le enjabones la cara, ni siquiera que se la enjuagues con una esponja, así que no prolongues la «tortura».

Terminado el baño, levántalo por las axilas, sécalo con suaves palmaditas y vístelo. Ya vaciarás la bañera y recogerás después. ¡No olvides pasar la fregona!

El lavado del cabello

Es mejor que dejes en manos de los padres esta actividad más complicada. No obstante, en situaciones de urgencia (se ha untado la cabeza con miel o algo parecido), y cuando el intento de reparar el desastre con un paño húmedo sea infructuoso, puedes intentarlo.

El nivel del agua no debe sobrepasar los tres centímetros. Convence al chiquillo para que se acueste en la bañera, apoyando la cabeza en el fondo o sobre una de tus mano. Inventa una historia referente a las grietas del techo, el alicatado o la alcachofa de la ducha. Procura que no le entre agua en los oídos.

Si todo va bien hasta aquí, humedécele el pelo con una esponja, usando la mano libre. Haz que el agua corra desde la línea de nacimiento del pelo hacia atrás. Rápida y suavemente, aplícale una pequeña cantidad de champú «para bebés». Aclara con cuidado, poniendo atención para que no le entre espuma en los ojos. Ayúdale después a sentarse, de modo que el agua escurra hacia atrás.

Un par de gafas de buceo constituye un estupendo truco para ahorrar al niño el trauma de lavarse la cabeza. Con sus ojos protegidos y creyéndose un submarinista, se dejará hacer tranquilamente, *a condición* de que las gafas no le inspiren miedo. Prueba a incluirlas en tu bolsa de sorpresas.

Ninguna técnica logrará persuadir a un niño empeñado en no bañarse. Olvida el asunto. Más vale que recibas a sus padres con el cabello pringoso que presa de un ataque de histeria.

Tras sacarlo de la bañera, sécale el pelo con una toalla, o con un secador eléctrico si no le da miedo; el aire no debe salir demasiado caliente.

El cepillado de los dientes

Es posible que le entusiasme, pero consulta antes con los padres. No se trata tanto de dejarle los dientes impecables como de inculcarle el hábito. Probablemente disponga de su propio cepillo, que se dedicará a mascar al tiempo que hace estragos con la pasta. ¡Lo pasaréis divinamente mientras le enseñas a escupir en el lavabo!

Las uñas

No intentes cortáselas, pues es un auténtico torbellino. Advierte a sus padres que tiene las uñas demasiado largas

La higiene del niño de más edad

Es razonable esperar que un niño mayorcito se bañe solo, cuando menos en parte. Tal vez sea tan independiente como para exigirte que abandones el cuarto de baño. ¡No lo hagas! Explícale que te sientes sola o que prefieres jugar con él. A lo sumo, espera detrás de la puerta, pero con los reflejos listos para evitar cualquier accidente o brindar tu ayuda.

A esta edad, es mucho más fácil lavarle el cabello y cortarle las uñas. Puede incluso llegar más lejos (un *poquito* más lejos) y seguir tus instrucciones. Probablemente es capaz de cepillarse los dientes sin ayuda. La tarea de recoger, como siempre, te corresponde a ti, aunque tal vez te ayude doblando su toalla y llevando su ropa sucia al cesto de la colada.

El juego en el baño. El bebé

Un bebé pequeñito no necesita juegos especiales a la hora del baño. El simple hecho de estar en el agua, sintiéndola en su piel y escuchando el borboteo, es en sí estimulante. Ni siquiera cuando tiene edad para sentarse sólo echa de menos los juguetes. De hecho, el abigarramiento de colores y formas flotando en el agua puede distraerlo y confundirlo. Le basta con su esponja y un cubo de plástico o un muñeco de goma que pueda agarrar, chupar y morder a su antojo. El agua es el mejor juguete para el bebé.

El juego en el baño. El niño que empieza a andar

A esta edad, el chiquillo goza de lo lindo con el baño (siempre que no le dé miedo). Aunque todavía tiene apego a su esponja y demás juguetes flotantes, ya es capaz de disfrutar con juegos simples y con un chapoteo más activo.

La cocina es fuente de inumerables juguetes acuáticos. Entrega al niño unos cuantos recipientes de plástico, en diversas formas y tamaños, un cepillo de glasear para que «pinte» con él o un envase flexible y vacío; nunca demasiadas cosas a la vez. También puede jugar en la bañera con su taza, con la que está aprendiendo a beber. Déjale que practique, salpicando a diestro y siniestro. (¡Nada de sopa en el baño, por el momento!)

Ahora que es capaz de tenerse en pie, le encanta pasearse por el agua, casi tanto como chapotear. Cogiéndolo de la mano, ayúdale a deslizarse hasta el fondo, una actividad excelente y apasionante, a condición de que se sienta seguro. De este modo aprende a moverse en el agua como en su elemento, incluso cuando le salpica la cara. A esta edad puedes introducirlo en el juego de las burbujas, ya sean las que se venden comercialmente, ya preparadas en casa con un poco de jabón. No olvides llenar la bañera a poca profundidad.

El juego en el baño. El niño de más edad

Cuando el niño es lo bastante mayor para expulsar el agua en lugar de tragarla, puede pasar deliciosos ratos jugando con pajitas de refrescos y con pipas de burbujas. Agregando al agua unas gotas de colorante vegetal, crearás efectos espectaculares. Y si entre las sorpresas de tu bolsa has incluido un juego de pinturas para baño, te querrá con locura.

Gracias al incipiente desarrollo de su imaginación, los juguetes más corrientes, incluso aquellos de los que está hastiado, cobrarán nuevo interés en la bañera. (Comprueba que son impermebles o resistentes al agua; en caso de duda, desvía su atención hacia algo más seguro.)

Al niño crecidito le encanta sentirse útil. Permítele lavar alguna prenda sucia de las que se haya quitado, y bajo ningún concepto le impidas que colabore en la limpieza de la bañera.

7. La hora de acostarse

La mayoría de los niños acceden de buena gana a acostarse. Están fatigados y, si se obra con tacto y atendiendo a sus necesidades físicas y psicológicas, agradecen el sueño. Sin embargo, hay chiquillos que se resisten hasta el final. Su actitud varía, dependiendo de la edad, la personalidad infantil y los precedentes sentados por los padres. Aunque no está en tus manos modificar los factores mencionados, sí puedes facilitar el momento de irse a la cama, ante todo comentando con los padres los detalles rutinarios y la estrategia que adoptan cuando el niño se resiste. Seguidamente, puedes sentar algunos principios propios. El niño necesita saber que puede contar contigo para que lo tranquilices y consueles, pero también que, pese a tu paciencia y comprensión, no estás dispuesta a dejarte tomar el pelo.

El niño de pecho

Un bebé se pasa dormido la mayor parte del tiempo, aunque su horario sea irregular. En condiciones normales, le basta con tener la tripa llena, el pañal seco y ropa que le abrigue. Es muy probable que se te quede dormido en los brazos después de una toma, y no digamos ya si lo meces. Acuéstalo en su cuna, camita o capacho. Salvo que estés informada de que prefiere yacer de espaldas, colócalo boca abajo o sobre el costado derecho. Cúbrelo con arreglo a la temperatura ambiente —tan abrigado como estarías tú— y, de puntillas, sal de la habitación. No necesita almohada. Deja encendida una luz suave cerca de su dormitorio, para echarle un vistazo de vez en cuando. No debe preocuparte el que gruña, gimotee o eructe en sueños. Déjalo a su

aire en tanto no se despierte llorando a voz en grito. Un bebé de cuatro o cinco meses se habrá formado ya algunas opiniones personales; para conciliar el sueño tranquilamente, tal vez exija la compañía de su manta-fetiche o necesite orientar el rostro en determinada dirección.

Cuando el bebé se despierte a lo que para él son altas horas de la noche, concédele cinco o diez minutos hasta que concilie el sueño de nuevo. En caso negativo, intenta adormecerlo meciéndolo o paseando con él en brazos. Acaso el único problema sea una burbuja de aire provocada por la última toma. Una vez expulsado el aire, puedes ofrecerle un poco más de biberón. Si continúa su llanto, repasa la lista de posibles motivos, en las páginas 49-54. Tal vez tengas que consolarlo en tus brazos hasta que vuelvan los padres.

El niño que empieza a andar

A esta edad, el ritmo de sueño es más regular —necesita dormir doce horas por la noche, amén de una larga siesta—, pero la angustia de la separación (v. pág. 56) puede impedirle conciliar el sueño a su hora. Habrás de poner en juego todos tus recursos para acostarlo.

Procura distraerlo de su dolor haciendo que juegue con sus juguetes favoritos, o quizá con algo novedoso salido de tu bolsa de sorpresas. Respeta su rutina. Si ésta comprende un baño, concédele uno bien prolongado, con abundantes juegos. Antes de acostarlo, prepáralo mentalmente con advertencias, juegos tranquilos, un cuento (que no le inspire miedo) o un vaso de leche. Dedica algún tiempo a ordenar los juguetes de su dormitorio. Llegado el momento, procura recordar cuáles son la manta, el osito de peluche o la nana correctos. ¿Se le deja una luz encendida? ¿Un biberón junto a la cama? Cuando por fin se meta en la cama, arréglale tiernamente las sábanas, comprueba la estabilidad de la cuna y sal del dormitorio.

Con un poco de suerte, eso será todo. Sin embargo, la ausencia de sus padres puede ser demasiado dura de soportar en la oscuridad de su dormitorio. Acaso tengas que volver a su lado para acunarlo un poco más, permanecer sentada en silencio junto a él o mecerlo en tus brazos. Cuando ninguna de estas medidas surta efecto, concédele otra hora de juego reposado. Prueba a acostarlo en el sofá, con su manta y almohada, mientras tú lees o ves la televisión. Terminará por quedarse dormido allí mismo, o por dejarse transportar hasta la cama entre sueños. Tu deseo es que no siga allí con los ojos bien abiertos cuando regresen los padres; pero si así fuese, pídeles consejo para obrar en el futuro. Una solución sería que ellos mismos se encargasen de dormir a su hijo antes de salir.

El niño de más edad

Debido a su fantástica imaginación, el niño de tres, cuatro y cinco años es víctima de muy diversos temores (v. pág. 65), que pueden impedirle conciliar el sueño o despertarlo por la noche en medio de pesadillas. Un chiquillo de esta edad exige las mismas atenciones y tanta preparación al sueño como uno de dos años. Antes de arroparlo entre las sábanas, permanece sentada a la cabecera de su cama, charlando con él o contándole *un par de cuentos*. Cuando manifieste algún temor, hazle saber que lo entiendes, pero que estás segura de que no hay ningún monstruo en el armario. Acompáñalo a echar una ojeada para que se tranquilice. Explícale que estarás en la habitación de al lado, y que te oirá canturrear o fregar los platos. Como persista en sus temores, quédate con él, pero corta la conversación. Tu presencia debería bastar: «Ya hemos hablado mucho. Es hora de dormir.»

Cuando un niño se despierte en medio de una pesadilla, acude a su lado inmediatamente. No esperes que razone sobre el asunto, o que discierna entre el sueño y la realidad. Debes mimarlo, consolarlo y, probablemente, permanecer junto a él hasta que vuelva a quedarse dormido.

A partir de los seis años, el chiquillo distingue perfectamente lo real de lo imaginario. Cualquier intento de retrasar la hora de acostarse por su parte debe afrontarse con paciencia, pero con firmeza. Establece un límite al número de veces (p. ej., una o dos) que le llevarás un vaso de agua o le dejarás ir al baño.

8. El juego

Para ser una buena niñera, tienes que saber atender con orden y eficiencia a las necesidades físicas de los niños: darles de comer, bañarlos, mudarlos y acostarlos. Y si además sabes jugar con ellos, entonces eres un as. No sólo apreciarán tu competencia los padres; los niños te adorarán y esperarán con ansia tu llegada.

El niño de pecho

Un recién nacido está casi siempre durmiendo y no es consciente ni del mundo ni de las personas que lo rodean. Todo lo que necesita es tener cubiertas sus necesidades físicas y que lo traten con amor. No podrás empezar a jugar con él hasta que cumpla varias semanas, pero ni siquiera entonces aguantará más de unos minutos de juego sin cansarse. Como el alcance de su atención es reducido, el exceso de juegos lo perturba. Al menor signo de rechazo —vuelve la cara o empieza a hacer pucheros—, interrumpe la actividad. Arrúllalo y consuélalo.

Aproximadamente hasta los tres meses de edad, el bebé se deleita con los juegos «guturales». Puedes comunicarte con él imitando los sonidos que hace. Cuando le oigas arrullarse a sí mismo, acerca la cara para que pueda verte e intenta reproducir exactamente sus ruidos. Hazlo con suavidad y con la mejor de tus sonrisas. Te observará interesado, premiándote quizá con otra sonrisa. Prueba a poner muecas divertidas, pues es algo que le entusiasma.

También le gusta observar los objetos, especialmente los móviles. Si hay alguno colgado sobre su cuna o parque, mejor que mejor. Por lo demás, trata de confeccionar novedades para él; tan sólo necesitas una cinta o un pedazo de cuerda, del que puedes colgar diversos objetos brillantes o vivamente colorea-

dos: una cuchara, una taza, tu pulsera, etc. Como todavía no es capaz de agarrar, se conformará con mirarlos.

Adora las luces. Con la habitación en penumbra, enciende una linterna o lamparita y gírala hacia él.

Ha descubierto los dedos, tanto los suyos como los tuyos. Permítele que se los chupe, o que propine suaves tironcitos a los de tu mano. (Ten la precaución de lavarte las manos, por si consigue introducírselas en la boca.)

Es probable que disfrute con las cosquillas —suaves— en la barbilla, las mejillas, la tripita o cualquier otra parte de su anatomía. Sin embargo, a algunos niños no les agrada este juego, así que, al menor signo de alarma, interrúmpelo y tranquiliza al bebé.

Le encanta que lo cojan en brazos para pasearlo. El cambio de escenario es estimulante para él. Acércalo a la ventana, el reloj de mesa o un cuadro llamativo de la pared.

Aprecia asimismo la música, de modo que, para variar, enciende la radio o el tocadiscos y baila con él. No lo agites en exceso, salvo que sepas positivamente que le gusta. Cuando te parezca cansado o temeroso, un ritmo romántico le inducirá el sueño.

Canta al compás de la música, o sin acompañamiento si lo prefieres. Le es indiferente que desafines; se conforma con el sonido de tu voz.

A partir de los tres meses, la actividad del juego se intensifica. Sentado ante un firme respaldo, el bebé intenta aferrar objetos. Le encanta mordisquear su chupete o la tetilla del biberón. Si ha empezado a tomar alimentos sólidos, los palpará y se los restregará en torno a los labios.

Le siguen fascinando los rostros, ya sean los de las muñecas, los humanos o los reproducidos —incluso su propia imagen en el espejo—, y especialmente cuando sonríen.

Si puedes con su peso, hazle cabalgar sobre tus rodillas.

Los juegos de palmaditas le entusiasman.

Hacia los seis meses de edad, es capaz de reír en voz alta contigo. Juega al escondite: ocúltate un instante a su vista, y reaparece tras un sofá exclamando: «¡Aquí estoy!». Siempre sonriendo. Cuanto más se desate su risa, más gesticulante puedes mostrarte. Atención, sin embargo, a suavizar después el ritmo de juego hasta calmarlo.

Otro juego con el que disfruta es el de «toma y dame». Le ofreces un sonajero o cualquier objeto que pueda agarrar fácilmente. Se lo quitas. Vuelves a esgrimirlo y dejas que él lo tome. Y así sucesivamente, sazonando la cosa con exclamaciones.

Prepara bolitas de papel, mejor cuanto más ruidosas, y tíraselas al bebé. Intentará cogerlas y arrojarlas a su vez, siempre entre risas.

A punto de cumplir el primer año, el niño deja de interesarse tanto por tus actividades para pasar a ocuparse de las suyas, ya se trate de avanzar a gatas, ponerse en pie o intentar los primeros pasos.

Comienza a saborear con afán todo cuanto encuentra, jugando y aprendiendo a un tiempo. En sus recorridos por la casa, golpea, sopesa, retuerce, empuja y estira los objetos más inopinados. Descubre la pasión de trepar, deslizarse y escurrirse bajo los muebles. Desde su silla o cochecito, experimenta dejando caer juguetes, alimentos, utensilios y prendas de ropa. Y como todavía no sabe buscar ni recuperar los objetos, tendrás que devolvérselos una y otra vez. En caso de que los padres no lo hayan hecho ya, ata los juguetes a su silla o parque, con un cabo de cuerda. (V. también *El momento del baño*, pág. 92.)

El niño que empieza a andar

A esta edad, el niño no se pierde ocasión de enredar con todo. Probablemente, los padres habrán dispuesto los enseres domésticos a prueba de niños, por lo que no tendrás que repetir sin desmayo «no, no», o «no se toca». Coloca fuera de su alcance cualquier objeto que consideres peligroso o inseguro.

Puedes jugar con él a «no me coges», pero tendrá que ser siempre él quien te dé alcance, toda vez que por ahora no entiende lo que significa escapar corriendo. A cuatro patas en el suelo, simula que eres un torbellino. Cuando juguéis al escondite, permítele ver que te ocultas tras la butaca. Se divertirá igual buscándote.

Otra posibilidad es esconder objetos; no obstante, el niño es todavía demasiado pequeño para encontrarlos, salvo que te haya visto ocultarlos.

Uno de sus entretenimientos preferidos consiste en vaciar y llenar recipientes. Al principio, tendrá predilección por vaciar: canicas (que no le quepan en la boca) de una caja, cacharros del friegaplatos y ropa de sus cajones. Próximo a cumplir los dos años, disfrutará volviendo a meter las cosas en su sitio.

Puedes iniciarle en sencillos juegos de pelota. Sentados frente a frente en el suelo, lánzale rodando un balón y anímale a que te lo devuelva.

Aproximadamente a esta edad, empieza a descubrir la música, que deja de ser un ruido de fondo para convertirse en algo que llama su atención. A muchos niños les encanta tocar el tambor (real o imaginario, p. ej., la tapa de una tartera) y bailar o desfilar al son de la música. Aprovecha estos intentos de desfile para sugerirle que te siga y explorar toda la casa. Sin cesar de tocar vuestros instrumentos, guíalo hasta el parque o el jardín.

Un maravilloso juego consiste en simular un cumpleaños,

que dará tanto más resultado cuanto mayor sea su experiencia con celebraciones reales. Podéis invitar a todas las muñecas y los animales de peluche. Envuelve en papel de regalo uno de sus juguetes (permítele que te vea hacerlo), inventa una supuesta tarta (bastará un simple pedazo de pan) y entona el «Cumpleaños feliz» antes de soplar sobre las fingidas velas.

Hacia los tres años de edad, el chiquillo se presta mejor a este tipo de simulaciones. Da en fingir cualquier acontecimiento vivido, ordinario o extraordinario; por ejemplo, simula bajar a la tienda de comestibles, lo que le brinda ocasión de memorizar nombres de alimentos, o hacer una visita al pediatra, lo que le permite superar sus temores ante la consulta médica. La eficacia didáctica de estos juegos de simulación será mayor cuando tú participes en ellos y, especialmente, cuando intercambiéis papeles, como el de vendedor y cliente.

Es probable que los padres le hayan enseñado ya a hojear libros, pero es ahora cuando de verdad empieza a disfrutarlos. Aunque le cuesta seguir la trama de un relato, no tiene dificultad en aprender estrofas de cancioncillas infantiles ni en seguir el hilo de las ilustraciones, siempre que representen objetos conocidos por él.

Entre los juguetes preferidos de un niño que empieza a andar figuran las muñecas, las bolsas de canicas, los balones, los cuentos y cuadernos, las pinturas lavables (sólo uno o dos colores de cada vez), la arcilla y la plastelina, los rompecabezas de dos o tres piezas y los animales de peluche (uno de ellos tendrá el privilegio de ser su «predilecto» o «consolador»).

Es partidario entusiasta de los juegos de agua, con la participación de recipientes de diversos tamaños, pipas de burbujas y pajitas. (V. *El momento del baño*, pág. 92.)

En la calle, le entusiasma correr, pasear y saltar, así como guardar el equilibrio sobre una línea mientras lo llevas de la mano. Permítele separarse un tanto de ti para satisfacer sus deseos de exploración —y, de paso, fomentar su sentido de la independencia—; ahora bien, no te descuides ni lo pierdas de vista.

El mejor material de juego para esta edad está representado por los columpios (los modelos con respaldo y cinturón de seguridad), los toboganes (vigílalo mientras sube las escaleras y frénalo a la salida) y el cajón de arena, con el cubo, la pala y el rastrillo correspondientes.

El niño de más edad

Desde los tres años en adelante, el niño posee una movilidad y una coordinación bien desarrolladas, amén de una imaginación extraordinaria (si se le ha estimulado), por lo que sus juegos se tornan sumamente complejos. Es capaz de sugerirte actividades y, a menudo, desea compartir sus juegos con amiguitos de la misma edad. Permíteselo siempre que sea posible.

Buena parte de la actividad lúdica se centra en lo que ellos consideran juegos «reales». Disfrutan imitando las actividades o las ocupaciones profesionales de los adultos: médicos, bomberos, dependientes, maestros, policías, etc. Frecuentemente, necesitan la participación de otros, sobre todo la tuya, para que el juego parezca más real. La representación dramática puede ser variada y divertida de observar.

Una escenificación muy provechosa es la de «la familia», en la que los pretendidos miembros se turnan los papeles. Conviene que el chiquillo participe de verdad en las faenas domésticas, tales como recoger juguetes, barrer, limpiar el polvo, pasar el aspirador, etc. De este modo, además de prestar su ayuda, desarrolla actitudes indelebles frente a las responsabilidades familiares. Y como ha contribuido al desorden que ahora está reparando, su sentido de la responsabilidad se beneficia doblemente.

Por otro lado, el niño de esta edad necesita canalizar su agresividad por vías socialmente aceptables. Cuando, dentro de casa, adviertas que el pequeño necesita descargar sus impulsos agresivos, proponle el juego de la almohada. Empieza esgrimiéndola tú misma para golpearla contra el sofá. Deja que le propine patadas y puñetazos (a este efecto, servirá igual un muñeco de trapo) con todas sus fuerzas, hasta caer rendido. ¡Tal vez estés ahorrando algún coscorrón a sus hermanos!

En esta fase del desarrollo, los materiales creativos pueden salirse un poco de los habituales lápices, arcilla y plastelina. Improvisa interesantes juguetes con cinta adhesiva, clips sujetapapeles, escobillas de pipa, grapadoras y taladradoras de papel.

Seguramente es capaz de resolver rompecabezas de diez o más piezas.

Los libros que le gustan son los que relatan historias referentes a personas, sentimientos, acontecimientos y ocupaciones que le son familiares. Disfruta pasando las páginas y tocando las ilustraciones mientras tú le lees.

Se entretiene clasificando objetos, tales como pares de calcetines, cacharros de cocina, cuadernos, piezas de juegos, etc.

Para jugar dentro de casa, son juguetes idóneos los modelos de construcción más intrincados; los trenes, camiones y coches con pasajeros en miniatura; las herramientas para amartillar, atornillar y serrar (bajo tu supervisión); las muñecas, con su correspondiente guardarropa; las prendas de vestir, especialmente sombreros y capas; los juegos de fichas o cartas que representan animales o el abecedario ilustrado; una pizarra; una lupa de bolsillo; y un conjunto de imanes.

En este punto, las elecciones infantiles empiezan a reflejar el proceso de identificación sexual: mientras el chico opta por jugar a los piratas, la niña prefiere simular que es enfermera. Acepta y estimula cualquier inversión de los papeles clásicos.

Una interesante actividad en común es la confección de un cuento. Reúne unas cuantas hojas de papel (no más de cuatro) y pliégalas por la mitad para crear un cuadernillo. Con lápices o ceras de colores, relata una historia en imágenes, a ser posible inspirada en una vivencia del niño. Por ejemplo, si habéis salido de paseo esa misma tarde, relata las aventuras vividas. Esta forma de creación literaria no sólo sirve de entretenimiento al pequeño, sino que le ayuda a superar reajustes difíciles en su vida. Supón que los padres van a estar fuera un tiempo más prolongado del habitual —toda la noche o el fin de semana—; ayudarás al niño a afrontar la situación narrándole la «historia». Al verla representada en imágenes —la despedida, vuestras actividades compartidas durante la ausencia de los padres y, por fin, su regreso—, aceptará mejor los hechos y se aliviará su ansiedad.

Fuera de casa, el niño de esta edad es un auténtico huracán. Tiene necesidad de ejercitar sus músculos en desarrollo y se siente impulsado a hacerlo. De un salto, se sube a su vehículo preferido —bicicleta, triciclo o patín— y allá que se lanza en busca de sus amigos (¡no lo pierdas de vista!). Trepa a los árboles y a las estructuras educativas del parque, simulando que conduce un avión o escala montañas. Lejos de contentarse con dominar el balancín (en compañía de otro niño), considera que *caminar* sobre él como en la cuerda floja es su mayor hazaña (y realmente es un logro).

En momentos más sosegados, cuando parezca haber descargado parte de su energía, da un paseo con él. Le interesa conocer el barrio, aprender el trayecto hasta el puesto de caramelos, los cruces de calles y los nombres de los vecinos. Le fascina la naturaleza. Llévate un tarro de cristal para recoger muestras que podréis exponer en casa: piedrecitas, musgo, cortezas, hojas, tal vez unos cuantos ejemplares de seis y ocho patas (no demasiados, so pena de que la población de insectos escape a todo control, y no digamos el tarro).

El juego debería ser el aspecto más placentero en tu trabajo de cuidar niños. Ciertamente, ¡es el lado mejor de la vida! Básate en las sugerencias de este libro para desarrollar tus propias ideas, acordes con cada edad. Bucea en tu imaginación y experiencia.

9. Primeros auxilios/urgencias

Ojalá que en tu carrera no tengas que afrontar nada más grave que una rodilla magullada o una bombilla fundida. Las probabilidades están a tu favor. Cabe la posibilidad, sin embargo, de que un buen día te encuentres en una situación que te obligue a actuar con rapidez y sentido común. Por muy asustada que te sientas, es importantísimo que conserves la calma. Si no sabes cómo salir del paso, más vale que te tomes el tiempo de leer un par de consejos, antes de obrar con aturdimiento y presa del pánico. En una situación de emergencia, tu propia calma contribuirá sobremanera a tranquilizar a un niño asustado o herido.

En este capítulo encontrarás la información que necesitas para tomar las *primeras* medidas de urgencia. Tu obligación es solicitar cuanto antes la ayuda de un experto y, entretanto, procurar que no empeoren las cosas. En la primera parte, que es también la más larga, se describen las medidas de primeros auxilios para casos de accidente y enfermedad. En la segunda parte aprenderás a afrontar otras situaciones de emergencia más generales.

Primeros auxilios

Por supuesto, tu primer cometido consiste en velar por la seguridad del niño, pero ni siquiera la más atenta vigilancia ofrece una garantía absoluta contra accidentes. Por lo regular, los daños son leves, como la picadura de un mosquito o un dedo magullado, que «sanarán» con un beso, una tirita y unas palabras de consuelo. Ocasionalmente, un crío puede manifestar los primeros síntomas de una enfermedad mientras está a tu cuida-

do. En tales casos, el trato cariñoso representa la mejor medida de urgencia. No le escatimes tus mimos. Apacigua sus temores. Haz cuanto esté en tus manos para distraerlo de su malestar.

Es lógico que un niño herido o enfermo requiera desesperadamente la presencia de sus padres. El que la situación exija o no el inmediato regreso de éstos dependerá de las circunstancias. Deberá prevalecer tu juicio. Sea como fuere, el pequeño merece toda tu atención y ternura hasta que se encuentre bien o hasta que los padres vuelvan a casa.

A continuación se facilitan indicaciones para tratar los traumatismos y las dolencias infantiles más comunes. Para los casos sencillos, se te explica el modo de administrar los primeros auxilios. Para los casos graves, se te recomienda aliviar y reconfortar al niño, además de indicarte a dónde debes acudir en busca de ayuda.

No pretendemos, ni mucho menos, enseñarte a poner un brazo en cabestrillo, aplicar un torniquete o hacer la respiración artificial. La experiencia demuestra que es mejor aprender dichas técnicas en un aula de clase, bajo la dirección de un instructor cualificado y con demostraciones prácticas. Entender de primeros auxilios es algo útil para la vida en general, no sólo para cuidar niños. Por esta razón te recomendamos hacer un cursillo; solicita información en tu centro de estudios, en el hospital de tu zona o en la unidad de la Cruz Roja más próxima. Las asociaciones de exploradores del tipo de los *Boy Scouts* conceden insignias al mérito en primeros auxilios.

Buscar ayuda

Siempre, siempre informa a los padres de cualquier accidente o principio de enfermedad; hazlo de inmediato cuando el caso sea grave, o bien a su regreso. Si decides telefonearles al momento, describe con calma y precisión lo ocurrido, la gravedad de la situación y las medidas que hayas tomado. Prepárate a recibir más instrucciones, armada de papel y lápiz y con la lista de teléfonos de urgencia al alcance de la mano. Cuando, por la razón que sea, no consigas localizar a los padres, tendrás que recurrir a otra fuente de ayuda: un vecino o pariente cercano, el pediatra o el hospital. Si consideras que la vida del niño o una de sus extremidades corre peligro, solicita ante todo asistencia médica. Ya telefonearás después a los padres.

Si eres *tú* la herida o la que cae enferma durante el trabajo, adminístrate los primeros auxilios tal como se describen en las páginas siguientes. Cuando no estés en condiciones de ocuparte del niño o creas que debes acudir al médico inmediatamente, arregla enseguida las cosas para marcharte. Busca alguien que te sustituya: un vecino o familiar del niño, una persona de tu propia familia o un amigo que esté a la altura de las circunstancias. Telefonea sin falta a los padres del niño.

La medicación

Jamás administres un medicamento, ni tan siquiera una aspirina, sin haber recibido instrucciones específicas. Cuando, por ejemplo, te pidan que administres al niño un jarabe para la tos antes de acostarlo o que le apliques una loción antitóxica, atente a las instrucciones de los padres, preferiblemente escritas, *y* lee el prospecto del producto. Administra exactamente la dosis indicada y a la hora oportuna. Devuelve después la medicina a un lugar seguro, tras cerrar el envase. Jamás manipules medicamentos en la oscuridad. Jamás le digas al niño que son golosinas. (Cuando, pese a explicarle con claridad porqué debe tomar la medicina, el niño persista en cerrar la boca, tiéntalo con la promesa de un premio.) Jamás tomes tú misma un medicamento delante del niño. Si debes llevar alguno en tu bolso, ponlo fuera de su alcance.

Alergias

Los niños pueden ser alérgicos a muy diversas sustancias, desde el veneno de abeja hasta el polvo doméstico, pasando por alimentos como la leche, el trigo o el chocolate. Las reacciones, que a veces son difíciles de identificar, oscilan entre una simple irritación de nariz con estornudos, una erupción de ronchas, un eccema (enrojecimiento de la piel, con picor y costras), malestar general y vómitos. Los padres deberían advertirte contra la alergia de su hijo, para que así puedas protegerlo de la sustancia agresora o tratar su reacción. Siempre que observes una reacción alérgica insospechada, telefonea de inmediato a los padres solicitando instrucciones. Cuando no puedas localizarlos y la reacción sea grave —con vómitos o dificultad para respirar—, avisa al pediatra. No administres ningún medicamento sin haber recibido instrucciones específicas. Puedes calmar los picores bañando al niño con agua tibia y bicarbonato; disuelve una cucharada del polvo en una palangana, o bien dos tazas en una bañera. (V. *Respiratoria, dificultad*, pág. 129; *Dermatosis*, pág. 117; *Picaduras de insectos*, pág. 128; y *Vómitos*, pág. 130.).

Asfixia por ahogo

Apoya al niño sobre tus rodillas, con la cintura doblada y cabeza abajo, para facilitar la salida del agua de sus pulmones y estómago. Toserá o vomitará si se halla en condiciones de hacerlo. Si ha dejado de respirar (v. pág. 129) y sabes hacer la respiración artificial, practícala al momento. En caso contrario, no pierdas tiempo en buscar a una persona capaz de hacerla. Llama a un adulto, una ambulancia o una patrulla de rescate. En cuanto el niño reciba asistencia médica, telefonea a los padres.

Asfixia por cuerpos extraños

(V. también *Cuerpos extraños, ingestión de,* pág. 117.)

Cualquier cuerpo extraño alojado en la garganta o la laringe puede provocar asfixia. El rostro se pone rojo. El niño hace esfuerzos por toser, jadea y tiene dificultad para respirar (v. pág. 129). Mientras conserve la respiración y se esfuerce por expulsar el cuerpo extraño, déjale hacer. Pero si tiene problemas o le invade el pánico, propínale unas palmadas fuertes en la espalda, entre los omoplatos, mientras lo sujetas cabeza abajo si es preciso. Como último recurso, introdúcele un dedo hasta la garganta e intenta empujar el objeto agresor. Si, por falta de aire, el rostro se le pone violáceo, llévalo inmediatamente a un hospital. Avisa a una ambulancia o a un vecino que tenga coche. Telefonea después a los padres.

Lesiones de boca

Comprueba que no se han producido otras lesiones espinales o craneales de. mayor gravedad (v. págs. 125 y 115). Para aliviar el dolor y la hinchazón del labio, aplica un poco de hielo o un paño mojado en agua fría. Con una suave presión (v. pág. 119) tal vez logres cortar la hemorragia de los labios, la lengua, las encías o el paladar. Una vez cortada la hemorragia, haz que el niño succione un poco de hielo picado, para calmarle el dolor.

Cuando se le haya desprendido un diente, cura el alvéolo sangrante con una gasa limpia. Guarda la pieza dentaria, por si es posible implantarla. Telefonea a los padres.

Traumatismos de cabeza

Golpes

Los niños de corta edad se golpean la cabeza con frecuencia. Si el pequeño deja de llorar al cabo de unos minutos, probablemente está bien. Trata el posible «chichón» como las demás contusiones (v. pág. 116), y deja que se ocupe de sus asuntos. Debes telefonear sin tardanza a sus padres y al pediatra u hospital cuando observes los siguientes signos de gravedad: pérdida del conocimiento (pág. 127), dificultad respiratoria (pág. 129), problemas de visión, diferencia en el tamaño de las pupilas, vómitos (pág. 130), convulsiones (pág. 116) o parálisis. Haz que permanezca acostado y quieto hasta que llegue el médico.

Aplica hielo a la zona afectada, pero sin presionar. Trata el shock.

Cortes

Cuando se trata de un corte leve, corta la hemorragia con una presión directa, pero no excesiva. Limpia y venda la herida. Haz que el niño permanezca quieto hasta que se encuentre bien.

Para casos más graves, procura que la cabeza y los hombros del niño queden siempre más altos que el corazón, pero no le flexiones el cuello. Considera la posibilidad de una lesión espinal (pág. 125). Cuando la hemorragia alcance proporciones alarmantes, aplica una presión a la arteria más próxima (v. ilustración de la pág. 121). Trata el shock (pág. 129). Telefonea al pediatra o al hospital, y acto seguido a los padres.

Contusiones

Una contusión es una zona hinchada y amoratada por efecto de un golpe. Se trata de un accidente frecuente en los niños activos y, aunque doloroso, no reviste gravedad. (Un mal golpe en la cabeza es algo muy distinto; v. *Cabeza, traumatismos de,* pág. 115). Para aliviar el dolor y rebajar la hinchazón, aplica una bolsa de hielo o un paño mojado en agua fría, directamente sobre la zona afectada y cuanto antes. Trata las heridas abiertas como harías con un corte (v. *Hemorragias,* pág. 119).

Convulsiones

La causa más frecuente de convulsiones en un niño pequeñito es la subida de la fiebre. Otra causa consiste en la epilepsia, y entonces el niño puede caerse al suelo retorciéndose, castañeando los dientes y girando los ojos; tal vez arroje espuma por la boca, respire profundamente, orine o defeque y pierda el conocimiento. Con ser un espectáculo poco agradable, no es peligroso ni dura mucho tiempo. A continuación, el niño puede quedarse dormido, exhausto.

Tu principal cometido ante un ataque de este tipo consiste en impedir que el niño se haga daño. Retira de la zona cualquier objeto peligroso. En lugar de sujetarlo, aflójale la ropa. Puedes colocar una almohada bajo su cabeza o volverlo de lado para mantenerle abiertas las vías respiratorias, pero no lo muevas sin necesidad. No le des nada de beber mientras duren las convulsiones. Llévalo a la cama después. En cuanto esté tranquilo, telefonea a los padres. La crisis puede marcar el comienzo de una grave enfermedad. Si te parece que le ha subido la fiebre (pág. 119), no lo tapes con mantas; refréscalo con un baño de esponja (pág. 96).

Cortes, rasguños
(V. *Hemorragias*, pág. 119.)

Cuello, lesiones de
(V. *Lesiones espinales*, pág. 125.)

Cuerpos extraños, ingestión de
(V. también *Asfixia por cuerpos extraños*, pág. 115.)

En tanto que el botón, moneda, piedra o cualquiera que sea el objeto ingerido descienda sin provocar asfixia ni lesiones, hay muchas probabilidades de que el aparato digestivo del niño lo elimine normalmente. Informa a los padres en cuanto regresen, para que estén atentos a los síntomas de obstrucción intestinal. Si el objeto tragado es punzante, como una aguja, telefonéales al instante. Desearán consultar con el pediatra.

Dermatosis
Los niños están expuestos a toda clase de dermatosis; entre ellas, las más frecuentes son las erupciones y eccemas alérgicas (pág. 114), la dermatosis del pañal (pág. 88) y los salpullidos provocados por el calor (generalmente, en los hombros y el cuello). Otros fenómenos, del tipo de ronchas, granitos, etc., pueden ser síntomas de una enfermedad contagiosa. Por lo regular van acompañados de fiebre y otras manifestaciones patológicas, aunque pueden no hacerlo. Jamás administres un medicamento sin haber recibido instrucciones específicas. Informa a los padres de cualquier dermatosis que observes. Para aliviar los picores y el malestar, puedes bañar al niño con agua templada y bicarbonato (una taza en una bañera pequeña, dos en una grande). Cuando sospeches que se trata de una reacción tóxica (pág. 122) o enfermedad seria, telefonea a los padres.

Descargas eléctricas
Hasta los pequeños calambrazos —p. ej., al tocar un enchufe con los dedos húmedos— pueden ser muy desagradables. Una descarga eléctrica fuerte es capaz de provocar quemaduras, pérdida del conocimiento y la muerte por electrocución. Si el niño sigue en contacto con el cable, la situación es sumamente peligrosa para ti también. *No toques al niño ni la fuente de la*

descarga. Solicita la ayuda de un adulto. Intenta cortar la corriente. De no conseguirlo, apoya los pies sobre un material seco, como una tabla o pila de periódicos y (con las manos bien secas) sírvete del mango de una escoba o una prenda de tela para separar al niño del cable. Telefonea inmediatamente a una ambulancia o patrulla de rescate. Trata al niño como en caso de shock (v. pág. 129 y *Quemaduras,* pág. 128). Si ha dejado de respirar y sabes hacer la respiración artificial, practícasela. De lo contrario, no pierdas tiempo en avisar a alguien para que lo haga. En cuanto llegue la asistencia médica, telefonea a los padres.

Diarrea

Es normal que los bebés, sobre todo los que se alimentan al pecho o todavía no toman alimentos sólidos, hagan varias deposiciones al día. A cualquier edad, sin embargo, el abuso de alimentos como el chocolate o la compota de manzana puede provocar diarrea. En otros casos, ésta señala el comienzo de una enfermedad. Si las deposiciones diarreicas son profusas, contienen pus o sangre, o van acompañadas de vómitos o fiebre (págs. 130 y 119), telefonea a los padres. Cuando el niño use todavía pañales, tal vez tengas que aplicarle una pomada para evitar irritaciones (pág. 117). No hagas aspavientos al comprobar que el pequeño ha manchado (pág. 43). Aunque te desagrade, no se lo hagas ver.

Dislocaciones

(V. *Huesos,* pág. 122.)

Esguinces

Un esguince es una dislocación en la que el hueso vuelve a recuperar su posición enseguida. Son frecuentes en las muñecas y los tobillos, y provocan los siguientes síntomas: dolor intenso en la articulación; hinchazón inmediata; intensificación del dolor cuando se intenta mover el miembro; y, más tarde, una contusión que puede durar semanas. Coloca en alto la zona afectada. Aplica bolsas de hielo o compresas heladas (nunca apliques el hielo ni el agua helada directamente sobre la piel). Algunos esguinces son leves y, al poco rato, el niño vuelve a hacer uso del miembro afectado. En caso de gravedad —intenso dolor e hinchazón—, avisa a los padres, quienes probablemente desearán que se tomen radiografías. Hay ocasiones en que es difícil distinguir un esguince de una fractura o dislocación (pág. 120). Cuando dudes, trata al niño como si padeciese la lesión más grave.

Espalda, lesiones

(V. *Lesiones espinales,* pág. 125.)

Esquirlas clavadas

Lava la zona con agua tibia y jabón. Mantenla unos minutos a remojo en agua tibia para reblandecer la piel. Extrae la esquirla o astilla con unas pinzas o aguja esterilizadas.

Fiebre

No es necesario tomarle la temperatura al niño para saber que tiene fiebre. Se mostrará abatido y muy caliente al tacto. A partir de los 38 °C presentará el rostro encendido y los ojos vidriosos. Tal vez manifieste otros signos de enfermedad, como mucosidad nasal o diarrea. Telefonea inmediatamente a los padres. Mientras llegan, y si el pequeño lo desea, puedes aliviar su estado con un baño tibio, no frío, o unas friegas de esponja (pág. 96). Evita las corrientes y el frío. No administres ningún medicamento sin haber recibido instrucciones específicas. (V. *Convulsiones,* pág. 116.)

Fracturas

(V. *Huesos,* pág. 120.)

Hemorragias *(cortes y rasguños)*

Las *hemorragias leves,* producidas por un corte o rasguño, se cortan con una presión directa sobre la herida. Lávala primero con agua y jabón. Limpia la tierra y demás materias extrañas sujetando la parte afectada bajo el chorro de agua fresca. Aplica entonces una presión directa sobre la herida, comprimiéndola con gasa o un paño limpio. Una vez cortado el flujo de sangre, aplica una tirita o una cura con esparadrapo.

Las *hemorragias graves* deben tratarse inmediatamente. La pérdida de la mitad del volumen sanguíneo es mortal. Telefonea inmediatamente —o haz que otra persona telefonee— en busca de asistencia médica de urgencia. Trata el shock (pág. 129).

Intenta frenar la hemorragia con una presión directa, comprimiendo la herida con gasa o un paño limpio. Si observas que la sangre se coagula o que empapa la gasa, no retires ésta. Mantén la presión y añade más gasa o lienzo. Salvo que haya fractura (pág. 120), coloca en alto la parte afectada, más arriba que el corazón. Si continuase la hemorragia —y siguiese sin llegar la ayuda médica—, insiste en comprimir la zona manteniéndola en alto, y aplica *también* presión a la arteria más próxima situada entre la herida y el corazón. Presiona con fuerza contra el hueso:

- Para una herida en la cabeza o las sienes, presiona delante del oído;
- para una herida en el rostro, presiona en la concavidad de la mandíbula;
- para una herida en el cuello o la garganta, presiona a la derecha de la laringe;
- para una herida en el brazo, la axila o el hombro, presiona en la hendidura que forman las clavículas;
- para una herida en el antebrazo o la mano, presiona a medio camino entre el codo y la axila, en la parte interna del brazo, en la hendidura que queda entre los músculos;
- para una herida en las manos o los dedos, presiona la cara interna de la muñeca;
- para una herida en la pierna o el pie, presiona la cara interna del muslo, cerca de la ingle.

En casos muy extremos, y cuando no hayan surtido efecto las medidas descritas, habrá que aplicar un torniquete. Este método, sin embargo, es peligroso y debe limitarse a situaciones de vida o muerte. Sólo debes aplicar un torniquete cuando se retrase la asistencia médica y la situación sea de vida o muerte y tengas aprobado un curso de primeros auxilios y estés segura de saber hacerlo. Anota el tiempo en que lo aplicas para informar al personal médico.

No intentes limpiar la herida. Véndala con gasas o lienzos limpios. Una vez colocado el vendaje, no lo retires hasta que llegue el médico. En cuanto hayas cortado la hermorragia y tratado el shock, o el niño esté en manos del médico, telefonea a los padres.

Huesos *(fracturas, dislocaciones)*

Cuando un niño sufra un mal golpe o una caída dolorosa, considera la posibilidad de que presente una fractura (hueso roto) o dislocación. Se distinguen dos tipos principales de fracturas: *simple* y *complicada*. Se habla de fractura simple cuando se rompe el hueso sin dañar la piel. En la fractura complicada, hay rotura del hueso, pero *además* la piel resulta lesionada, habitualmente por el propio hueso desplazado o una esquirla del mismo. Reviste mayor gravedad que la simple, por el peligro de infección y shock. Cuando trates una fractura simple, has de poner sumo cuidado para no complicarla. Se habla de dislocación cuando el hueso se desplaza de su sitio normal en la articulación.

Hay ocasiones en que es difícil distinguir si se ha producido o no la fractura, sobre todo cuando ésta es simple (v. *Esguince*, pág. 118). Compara la extremidad afectada con la que está intacta. Si hay fractura, observarás una hinchazón o deformidad.

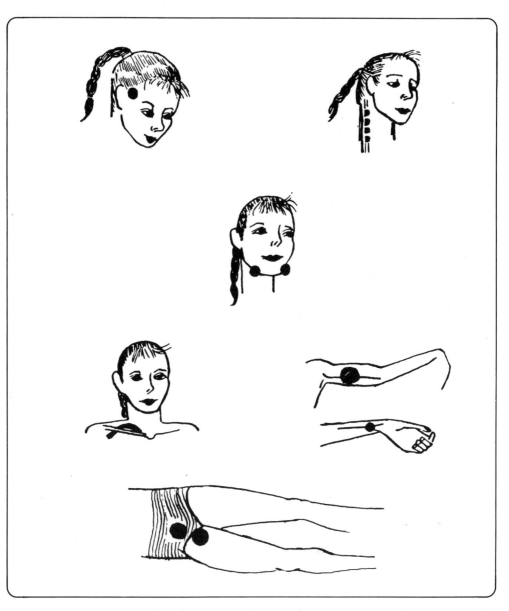

Con mucha suavidad para no causar dolor, palpa la zona afectada. Tal vez notes la rotura. Puede ocurrir que el niño sepa explicarte que oyó o sintió un chasquido en el momento de caer, o que siente el roce de los extremos del hueso fracturado. Tal vez sea incapaz de mover el miembro o la articulación más próxima. Puede sobrevenir el shock. Una dislocación es capaz de inducir muchos de estos síntomas, sobre todo intenso dolor e hinchazón en la articulación y pérdida completa de la movilidad. En la fractura complicada, además de los mencionados síntomas se observa una herida en la piel, y es posible incluso ver el hueso roto. El niño puede sufrir una profusa hemorragia con shock.

Cuando consideres probable una fractura o dislocación, avisa inmediatamente al médico o a una ambulancia. Solicita asimismo la ayuda de un adulto que esté cerca. Mantén al niño lo más cómodo posible, con mantas y almohadas (v. *Lesiones espinales,* pág. 125.) Trata el shock (pág. 129). Salvo que os halléis en un lugar peligroso —incendio o situación de peligro vital—, no lo muevas; sobre todo, no muevas la parte afectada. Si el accidente ocurrió en la calle, desvía el tráfico en lugar de trasladar al niño. Cuando trasladarlo sea de imperiosa necesidad, solicita ayuda y venda primero el miembro lesionado, tan cómoda y firmemente como sea posible. Es importantísimo mantener bien sujeta la zona lesionada —y mejor, todo el cuerpo— para no empeorar el dolor ni el daño.

Cuando la asistencia médica esté en camino y el niño se encuentre lo más cómodo posible, telefonea a los padres.

Insolación

Un niño de piel clara y sin curtir no debe exponerse al sol directo más de unos minutos. Protégele la cabeza y la piel con un gorro, mangas largas y pantalones largos. Las cremas para el sol son poco fiables, pues dejan pasar los rayos nocivos (por añadidura, son tóxicas cuando se ingieren; v. pág. 122). Cuando lo encuentres ya quemado por el sol, procura aliviar el dolor con lociones calmantes. Como presente escalofríos, fiebre o malestar intenso, telefonea a sus padres sin demora. Las quemaduras por insolación son tan peligrosas como cualquier otra.

Intoxicación

La intoxicación es la causa más frecuente de muertes accidentales en niños de corta edad. Según parece, ocurre con mayor frecuencia cuando el niño está hambriento o sediento. Toma nota de que, si un niño ha intentado *alguna vez* tragarse un producto tóxico, es muy probable que vuelva a intentarlo en cuanto tenga oportunidad.

Cuando sepas o creas que el niño acaba de ingerir una sustancia venenosa (v. más adelante una lista orientativa), o cuando observes algún síntoma de intoxicación (v. más adelante), avisa enseguida al pediatra, centro de intoxicados u hospital. Explica lo que el niño ha ingerido o crees que ha ingerido, sus síntomas (no esperes a que aparezcan para actuar) y su edad. Te dirán lo que debes hacer. Salvo que estés bien informada sobre los tipos de tóxicos, los síntomas que inducen y sus efectos en el organismo, no administres ningún remedio por iniciativa propia; la única *excepción,* y sólo si el niño está consciente, consiste en darle de beber abundante leche o agua. Si, en cuestión de minutos, no consigues la información telefónica necesaria, lleva al niño a la unidad de urgencias más próxima. Avisa a una ambulancia o un vecino que tenga coche. Llévate contigo el resto de la sustancia ingerida, el envase o una muestra del vómito del niño. Telefonea a los padres desde el hospital.

EJEMPLOS DE SUSTANCIAS TÓXICAS

- alcohol
- amoniaco
- anticongelante
- antihistamínicos
- aspirina
- píldoras y cremas anticonceptivas
- productos blanqueadores
- insecticidas
- productos de limpieza, líquidos y en polvo
- colonias
- desodorantes y perfumadores ambientales
- detergentes
- detergente granulado para friegaplatos
- productos para eliminar malos olores de desagües
- líquidos para limpieza
- productos ablandadores de tejidos
- cera y abrillantadores
- cosméticos y productos de aseo

- esmaltes de uñas y quitaesmaltes
- gasolina
- productos capilares
- tintes indelebles
- yodo
- comprimidos de hierro
- queroseno
- combustibles de mecheros
- lejía
- bolas de naftalina
- limpiadores de horno
- analgésicos
- pinturas y disolventes
- perfumes
- plaguicidas
- plantas (v. más adelante)
- bronceadores
- tranquilizantes
- aguarrás
- herbicidas

SÍNTOMAS DE LA INTOXICACIÓN POR VÍA ORAL

- Presencia de manchas u olores en las ropas o la piel del niño
- Envase abierto o fuera de su sitio
- Quemaduras en la garganta, la boca o las manos
- Alteraciones bruscas del comportamiento, como somnolencia, dolor de estómago, irritabilidad, hiperactividad, miedo
- Náuseas y vómitos
- Sed
- Sudores fríos
- Dificultad respiratoria
- Pérdida del conocimiento
- Convulsiones

Corrosivos químicos
(V. *Quemaduras,* pág. 128.)

Inhalación de tóxicos
El humo de los tubos de escape y los vapores desprendidos por agentes químicos, como disolventes o productos de limpieza, pueden provocar una irritación de las mucosas y los tejidos, con cefaleas, náuseas, dificultad respiratoria, vahídos, pérdida del conocimiento o convulsiones. Haz que el niño respire aire fresco, pero mantenlo abrigado. Avisa al pediatra, al hospital o a un centro de intoxicados. Telefonea después a los padres.

Plantas venenosas
Habría que ser especialista en botánica para distinguirlas todas; más adelante encontrarás una breve lista. Algunas sólo son venenosas cuando se ingieren; otras provocan irritación al contacto con la piel. Cuando descubras o sospeches que el niño ha tragado partes de una planta venenosa, avisa al pediatra, el hospital o un centro de intoxicados. Hazlo cuando tengas dudas sobre la peligrosidad de la planta. Toma idénticas medidas que en el caso de ingestión de tóxicos (v. más arriba). Si el chiquillo ha tocado las hojas del zumaque o de otra planta venenosa, quítale la ropa y báñalo con agua templada y jabón. Solicita instrucciones al pediatra, al hospital o a un centro de intoxicados. Telefonea a los padres.

ALGUNAS PLANTAS VENENOSAS

- Violeta africana
- Hierba de San Cristóbal
- Begonia
- Dulcamara
- Ricino
- Dieffenbachia
- Estramonio
- Espuela de caballero
- Lirio de los valles

- Poinsettia
- Cicuta
- Zumaque
- Hiedra
- Aligustre
- Digital
- Belladona
- Tejo

Lesiones espinales

Los síntomas de una fractura o dislocación de cuello o de columna son los siguientes: asimetría de la postura del cuerpo; dolor en el cuello o la espalda; imposibilidad de mover las manos o los pies. Cuando sospeches una lesión espinal, *no muevas al niño ni le flexiones el cuerpo de ningún modo.* Ni siquiera le permitas levantar la cabeza. Inmovilízale el cuerpo en la postura en que lo encontraste, rodeándole el cuello y la espalda con toallas o ropas enrolladas. Trata el shock (pág. 129). Avisa a una ambulancia o un centro de accidentados. Cuando la asistencia médica esté en camino, telefonea a los padres.

Mordeduras, animales o humanas

Si la piel aparece perforada o rasgada, lava inmediatamente la herida con agua y jabón. Sécala con una gasa o un paño limpio. Aplica una tirita o una cura con esparadrapo. Cuando se trate de un leve rasguño provocado por el hermanito o el perro de la casa, puedes esperar a que regresen los padres para comunicárselo. Pero si la dentellada es más seria (profunda, o localizada en el rostro o el cuello), o fue inflingida por un animal extraño, telefonéales al instante.

Nariz, lesiones de

Cuerpos extraños

No intentes extraer por ti misma el cuerpo agresor, pues podrías alojarlo más profundamente. Haz que el niño levante la cabeza o la incline un poco hacia delante, y sopla por los dos orificios nasales. Si el objeto no sale, telefonea a los padres.

Fracturas

Trata la hemorragia como se indica a continuación. Telefonea al pediatra o al hospital y, después, a los padres.

Hemorragias

Para cortar la hemorragia provocada por un traumatismo leve o por una infección de los senos, aplica una bolsa de hielo o un paño de agua helada sobre el tabique nasal, al tiempo que cierras con suavidad las aletas de la nariz. Si, al cabo de cinco o diez minutos, la hemorragia no se ha detenido, rellena suavemente la vía nasal afectada con una gasa o algodón, y vuelve a cerrar las aletas. Una vez que deje de sangrar, el niño puede reanudar sus juegos, pero no le permitas sonarse durante varias horas. Si la hemorragia continúa o recurre, telefonea a los padres, al pediatra o al hospital.

Oídos, dolor de

Cuerpos extraños

Es frecuente que los niños pequeños se introduzcan canicas, botones y demás objetos en los oídos y la nariz (pág. 125). No intentes extraer el objeto por ti misma, pues podrías alojarlo más profundamente. Gira la cabeza del niño hacia abajo y de lado. Si el cuerpo extraño no sale, telefonea a los padres, al pediatra o al hospital.

Infecciones

Cuando un niño resfriado se queja de dolor de oídos, ya sea directamente, ya llorando y frotándose la zona, es probable que padezca una infección. Informa a los padres. Cuando llore mucho y esté febril (pág. 119), telefonéales inmediatamente. Entretanto, prueba a aliviar el dolor aplicando una compresa o bolsa de agua caliente (no demasiado). No administres ningún medicamento sin haber recibido instrucciones específicas.

Traumatismos

Trata cualquier herida o corte igual que harías en otra parte del cuerpo (v. *Contusiones,* pág. 116, y *Hemorragias,* pág. 119), pero limitándote al oído *externo.* Cuando sospeches una lesión del tímpano, telefonea a los padres o traslada el niño al hospital.

Ojos, lesiones de

Contusiones y cortes

Trata el párpado y la zona que rodea el ojo igual que harías con otra parte del cuerpo (v. *Hemorragias,* pág. 119, y *Contusiones,* pág. 116). Las lesiones del globo ocular *deben* ser tratadas por un médico. De ser éste el caso, cubre el ojo con un vendaje o un lienzo que no oprima. No permitas que el niño se toque el ojo, aunque para ello tengas que sujetarle las manos. Trasládalo a la consulta del pediatra o al hospital. Telefonea después a los padres.

Cuerpos extraños

Puedes intentar la extracción de pequeños objetos que provoquen una irritación leve. A veces, basta el lagrimeo del ojo para desprender el objeto. Si no es así, intenta levantar el párpado y extraer la partícula con una gasa o un pañuelo limpio, nunca con el dedo o un instrumento duro. Cuando el niño no se deje hacer, lávale el ojo con agua fresca. Todo cuerpo extraño rebelde o clavado en el ojo *debe* ser tratado por el médico. Abstente de intentar nada. No permitas que el niño se toque el ojo, aunque para ello tengas que sujetarle las manos. Cúbreselo con un lienzo limpio o una gasa que no oprima. Trasládalo a la consulta del pediatra o al hospital. Telefonea a los padres.

Productos químicos

A pesar de sus protestas, ábrele el párpado y lávale el ojo varios minutos con agua fresca, del grifo o de la manguera. Procura que el agua que baña el ojo afectado no contamine el sano. Cúbreselo con un lienzo limpio o una gasa que no oprima. Traslada el niño a la consulta del pediatra o al hospital. Telefonea a los padres.

Pérdida del conocimiento

Cuando conozcas la *causa* —descarga eléctrica (pág. 117), intoxicación (pág. 122), traumatismos craneales (pág. 115), etc.—, ponte en contacto con la sección correspondiente del centro de primeros auxilios. De lo contrario, estudia el color de la tez. Si aparece enrojecida, acuesta al niño boca abajo, con la cabeza y los hombros ligeramente elevados. Aflójale las ropas alrededor del cuello y aplícale sobre la frente una bolsa de hielo o una compresa helada. Si tiene el rostro blanco, procura moverlo lo menos posible y trátalo como para el shock (pág. 129). Si su rostro está azul o violáceo, habrá que practicarle la respiración. Sin perder tiempo, hazla tu misma o recurre a alguien que sepa. Cualquiera que sea la causa, la pérdida del conocimiento exige asistencia médica inmediata. Telefonea a los padres después.

Picaduras de insectos

Lava simplemente con agua y jabón las picaduras corrientes de moscas y mosquitos. Para aliviar el picor, aplica una pasta de bicarbonato de sosa y agua. Cuando se trate de picaduras de abejas, avispas y arañas, aplica además una bolsa de hielo. Si el niño ha sufrido una sola picadura, oblígale a estar quieto un momento y observa la aparición de reacciones, sobre todo si es propenso a las alergias. Cuando las picaduras sean numerosas o se manifiesten síntomas del tipo de dolor intenso, hinchazón (en cualquier zona del cuerpo), sudores, náuseas, calambres musculares, dificultad respiratoria, shock o pérdida del conocimiento, traslada el niño inmediatamente a la consulta del pediatra o un hospital. Avisa a una ambulancia o a un vecino que tenga coche. Telefonea después a los padres.

Quemaduras

(V. también *Insolación,* pág. 122.)

Eléctricas o térmicas

Cuando se trate de quemaduras *leves* —de primero o segundo grado, cuando la piel se enrojece o forma ampolla—, pon la zona a remojo en agua fría (no helada) hasta que se calme el dolor. Sécala suavemente. No apliques presión, como tampoco medicamentos de ningún tipo. Protege la zona afectada con una venda esterilizada que no oprima. Telefonea a los padres.

Abstente de intervenir directamente sobre las quemaduras *graves* —de tercer grado, cuando la piel aparece blanca o carbonizada—. Llama enseguida a una ambulancia. Cubre la zona con una gasa o un lienzo limpio, pero con nada que se adhiera a la piel. Coloca en alto la parte quemada. Trata el shock (pág. 129). Cuando la asistencia médica esté en camino, telefonea a los padres.

Químicas

Inmediatamente, lava la zona quemada con el chorro de agua fresca, durante un mínimo de cinco minutos. Si la superficie afectada es extensa, sitúa al niño bajo la ducha o manguera y quítale la ropa mientras enjuagas su cuerpo. Sécalo suavemente, sin frotar. Cubre la zona con una gasa o un lienzo limpio, pero con nada que se adhiera a la piel. Avisa a una ambulancia o al médico. (Si el niño es lo bastante mayor para quedarse sólo bajo la ducha, telefonea mientras.) Trata el shock (pág. 129). Cuando la asistencia médica esté en camino, telefonea a los padres.

Resfriados

Algunos niños son muy propensos a los resfriados. Es poco lo que puedes hacer para curarlos. Cuando observes los primeros síntomas —fatiga, abatimiento, mucosidad nasal, ojos acuosos, estornudos, tos—, arréglatelas para mantener al niño entretenido en casa y abrigado (no excesivamente) hasta que vuelvan sus padres. Dale de beber abundante líquido y distráelo con juegos tranquilos. Si existe en la casa un vaporizador o humificador, conéctalo. No administres ningún medicamento sin haber recibido instrucciones específicas. Cuando observes que le sube la fiebre (pág. 119), telefonea a los padres.

Respiratoria, dificultad

Alguna que otra vez, el niño puede recibir un golpe o caída que le «corte» la respiración. No es nada grave, a pesar del susto. En cuestión de segundos recuperará el aliento.

Sin embargo, existen diversas situaciones que pueden provocar una dificultad respiratoria crítica: reacciones alérgicas graves; traumatismos espinales, en la cabeza o el pecho; asfixia por ahogo o cuerpos extraños; descargas eléctricas; intoxicaciones, y sofocación. En cualquier circunstancia en la que el niño deje de respirar, es vital practicarle inmediatamente la respiración artificial. Sin perder tiempo, hazla tu misma o recurre a un adulto que sepa, o avisa a una ambulancia. En cuanto el niño esté recibiendo asistencia médica, telefonea a los padres.

Shock

Cualquier traumatismo o lesión grave, especialmente cuando se trata de hemorragias, fracturas de huesos, quemaduras o intoxicaciones, puede provocar el shock. Y el shock en sí mismo es tan mortífero como la lesión que lo provocó. Estos son los síntomas: piel húmeda, pigmentada a manchas o pálida; respiración irregular o débil; pulso rápido y débil; escalofríos; caída de los párpados y pupilas dilatadas; náuseas o vómitos; colapso, y confusión mental. Trata *siempre* al niño gravemente traumatizado como si padeciese shock. Incluso cuando se trate de lesiones leves, debes vigilar su posible aparición.

TRATAMIENTO EN CASO DE SHOCK

1. Una vez controlada la hemorragia o, si es posible, mientras intentas cortarla, acuesta al niño. Después de un grave accidente estará ya tumbado en el suelo y, en tal caso, no debes moverlo, especialmente si sospechas una fractura o lesión espinal o de cabeza.
2. Cúbrelo con mantas, que extenderás también debajo de su cuerpo, cuando puedas moverlo y el suelo esté frío o húmedo. No lo abrigues excesivamente. Se trata de mantener la temperatura de su cuerpo dentro de la normalidad.
3. Colócale los pies un poco más elevados que la cabeza, salvo que ello le resulte doloroso o dificulte su respiración. En cambio, prescinde de moverlo cuando sospeches una fractura o lesión espinal o de cabeza.
4. No le administres nada por boca.
5. Telefonea al pediatra, al hospital o a una ambulancia.

Sofocación

(V. también *Respiratoria, dificultad,* pág. 129, y *Pérdida del conocimiento,* pág. 127.)

Haz que el niño respire aire fresco. Aflójale las ropas. Mantenlo abrigado. Si ha dejado de respirar y sabes practicar la respiración artificial, no pierdas tiempo en hacerlo. De lo contrario, recurre enseguida a una persona que sepa. Avisa a un vecino de fiar, una ambulancia o un centro de accidentados. Telefonea después a los padres.

Vómitos

Los vómitos, sobre todo en el lactante, son frecuentemente el medio de que dispone el niño para proteger a su sensible estómago de malas digestiones. Constituyen asimismo un síntoma de enfermedad o intoxicación (pág. 122). Si el niño vomita una sola vez sin presentar ningún otro síntoma, debes aceptar la primera explicación mencionada, pero comunícaselo a los padres cuando regresen. Limpia el vómito sin concederle importancia (pág. 43); aunque te desagrade, no se lo hagas ver al niño. Persuádelo de que permanezca tranquilo un rato, para cerciorarte de que está bien. Entretanto, no le administres nada por boca, a excepción de su chupete o un poquito de hielo triturado. Como vuelva a vomitar o manifieste cualquier otro signo de enfermedad (fiebre, dolor, diarrea, etc.), telefonea a los padres. No administres ningún medicamento sin haber recibido instrucciones específicas.

OTRAS URGENCIAS

Corte de energía eléctrica
(V. también *Luces,* pág. 38.)

No tienes porqué alarmarte cuando, por efecto de una tormenta o una bajada de tensión, se produzca un apagón en tu barrio. Es perfectamente posible prescindir de la electricidad durante varias horas. Si es de día, lo más probable es que el niño ni se entere. Si ha oscurecido, tal vez tengas que tranquilizarlo, asegurándole que todo va bien y que la luz no tardará en volver. Compórtate con calma y naturalidad.

Para empezar, busca una linterna, un farol de gas o velas. Colócalos en una superficie segura, donde no puedan volcarse. Apoya siempre las velas en sus palmatorias o platitos, en previsión de incendios accidentales. Telefonea a la compañía eléctrica. Si el apagón afecta a una zona extensa, seguramente estarán ya informados, pero nunca se sabe. Telefonea a los padres, quienes tal vez decidan regresar a casa. No os resta más que quedaros en casita, entretenidos con vuestras ocupaciones habituales. No permitas que el niño enrede por la casa a oscuras. Por motivos de seguridad, no hagas nada en la cocina ni el baño cuando la iluminación sea insuficiente. Abstente de abrir el frigorífico, sobre todo el compartimiento congelador, hasta que vuelva la luz.

Escapes de gas

Un escape de gas puede pasar desapercibido cuando es débil y el olfato se va acostumbrando a él, pero es bastante peligroso. Con el tiempo, llega a provocar la pérdida del conocimiento y la muerte, además de explosiones si entra en ignición. Cuando huelas a gas y no puedas detectar inmediatamente la fuente del escape para cortarlo (p. ej., un quemador mal cerrado en la cocina), coge al niño y sal fuera del piso. Acude al conserje o al vecino más próximo. Si el adulto es capaz de localizar el escape y neutralizarlo, a continuación debéis abrir las ventanas para ventilar toda la casa. De lo contrario, telefonea a la compañía del gas.

Incendios o humos

Tan pronto como descubras un incendio o una densa humareda, coge al niño y sal inmediatamente de la casa. No te demores en la idea de analizar la situación o intentar apagar el fuego. No te preocupes de vestirte ni de hacer llamadas telefónicas. Acude al vecino más próximo y telefonea desde su vivienda a los bomberos. Llama después a los padres del niño.

Inundaciones

(V. también *Tuberías,* pág. 39.)

Las inundaciones de agua empiezan a ser peligrosas cuando el nivel llega a la instalación eléctrica o el suelo da signos de derrumbarse. No esperes a que ocurra. En cuanto te parezca que la situación se descontrola, coge al niño y sal de la casa. Acude al vecino más próximo y telefonea desde su vivienda a los bomberos. Telefonea después a los padres.

Llamadas desagradables

Cuando recibas una llamada telefónica desagradable —escuchas palabras obscenas, amenazas o una respiración jadeante—, cuelga sin más. No hables, pues es lo que el otro desea. Si las llamadas se repiten o te inquietan, telefonea a un miembro de tu familia para que acuda a hacerte compañía hasta el regreso de los dueños de la casa, *o bien* telefonea a éstos para que vuelvan cuanto antes. Una amenaza física inminente es motivo sobrado para que llames a la policía. No dejes de informar a los padres de cualquier llamada molesta, aunque no te haya trastornado. Tal vez deseen notificar el hecho a la compañía telefónica.

Merodeadores

Ten por seguro que es normal experimentar inquietud en casa ajena y a altas horas de la noche. Te encuentras en un ambiente extraño, y tu imaginación se dispara. Si solamente estás nerviosa, telefonea a un adulto para que te haga compañía hasta la vuelta de los padres. Ahora bien, si realmente sospechas de un merodeador —oyes ruidos en la puerta o la ventana, o ves a alguien espiando—, llama a la policía al instante. Facilita tu dirección y explica, con calma y claridad, lo que has oído o visto. Si te es posible, haz una descripción del sujeto; estatura, peso aproximado, complexión, forma de vestir, movimiento y cualquier peculiaridad que hayas observado, como una cojera o una cadena al cuello. Si observas que el merodeador se marcha, indica la dirección que tomó y describe también su vehículo. Aunque no puedas memorizar la matrícula completa, procura retener los primeros números. Mientras llega la policía, telefonea a un adulto para que permanezca contigo.

10. La agenda

Serás tú quien escriba este último capítulo. Es una especie de diario o registro continuo de tu trabajo. Utiliza una doble página para cada empleo distinto. Podrás apuntar casi toda la información necesaria mientras te entrevistes con los padres, durante tu primera visita o en una ocasión anterior.

Anota concienzudamente los teléfonos de urgencia (con tinta o bolígrafo). Tan sólo te llevará unos minutos, no tendrás que repetir el esfuerzo y, si alguna vez los necesitas, darás gracias al cielo de que estén ahí. Los padres (tanto los tuyos como los del niño que atiendes) sabrán apreciar tu prudencia.

El resto de las anotaciones —referentes a las comidas, la hora de acostar al niño, etc.— serán más o menos detalladas, dependiendo de tu experiencia y memoria. Como estos aspectos varían con la edad del niño, tal vez prefieras escribirlos a lápiz. Más adelante, es posible que se te ocurran anotaciones de tu propia cosecha, según te vayas familiarizando con el niño o con la casa.

Utiliza tu agenda de compromisos (pág. 19) a modo de libro de cuentas. Después de cada sesión de trabajo, apunta el dinero que has ganado. Al final del año, sabrás exactamente la cantidad que has ingresado, en qué empleos, en qué días de la semana y en qué período de tiempo. Básate en estos datos para planificar tu trabajo —horarios, tarifas, etc.— en el futuro.

Nombre y edad del niño (o niños): ....

....

....

Nombre de los padres: ....

Dirección: .... *Número de teléfono:* ....

TELÉFONOS DE URGENCIA

Bomberos: ....

Policía: ....

Centro de intoxicados: ....

Pediatra: (consulta) ....

       (domicilio) ....

Hospital (URGENCIAS PEDIÁTRICAS): ....

Ambulancia o patrulla de rescate: ....

Vecino(s) de confianza: (nombre) ....

       (tfno.) ....

       (nombre) ....

       (tfno.) ....

Radio-taxi: ....

NOTAS

Comida/Cena/Merienda. Horas y preferencias:

Baño. Hora y costumbres de rutina:

Dormir. Hora(s) y costumbres de rutina:

Juego. Juguetes y juegos preferidos:

Instrucciones especiales. Alergias, normas sobre televisión, etc.:

Otras:

Nombre y edad del niño (o niños): ....

....

....

Nombre de los padres: ....

Dirección: .... Número de teléfono: ....

TELÉFONOS DE URGENCIA

Bomberos: ....

Policía: ....

Centro de intoxicados: ....

Pediatra: (consulta) ....

(domicilio) ....

Hospital (URGENCIAS PEDIÁTRICAS): ....

Ambulancia o patrulla de rescate: ....

Vecino(s) de confianza: (nombre) ....

(tfno.) ....

(nombre) ....

(tfno.) ....

Radio-taxi: ....

NOTAS

Comida/Cena/Merienda. Horas y preferencias:

Baño. Hora y costumbres de rutina:

Dormir. Hora(s) y costumbres de rutina:

Juego. Juguetes y juegos preferidos:

Instrucciones especiales. Alergias, normas sobre televisión, etc.:

Otras:

Nombre y edad del niño (o niños): ....

....

....

Nombre de los padres: ....

Dirección: .... *Número de teléfono:* ....

TELÉFONOS DE URGENCIA

Bomberos: ....

Policía: ....

Centro de intoxicados: ....

Pediatra: (consulta) ....

(domicilio) ....

Hospital (URGENCIAS PEDIÁTRICAS): ....

Ambulancia o patrulla de rescate: ....

Vecino(s) de confianza: (nombre) ....

(tfno.) ....

(nombre) ....

(tfno.) ....

Radio-taxi: ....

NOTAS

Comida/Cena/Merienda. Horas y preferencias:

Baño. Hora y costumbres de rutina:

Dormir. Hora(s) y costumbres de rutina:

Juego. Juguetes y juegos preferidos:

Instrucciones especiales. Alergias, normas sobre televisión, etc.:

Otras:

Indice

2. El entorno doméstico

3. El desarrollo infantil

10. La agenda